Pour Carol
Avec

François Truffaut

Dans la même collection

LES GRANDS ACTEURS

Romy Schneider
Marilyn Monroe
Gérard Depardieu
Clint Eastwood
Simone Signoret
Steve McQueen
Grace Kelly
Christophe Lambert
Elizabeth Taylor
Gérard Philipe
Brigitte Bardot (octobre 89)
Marlon Brando (octobre 89)

LES GRANDS GENRES

Le cinéma érotique
Le film de science-fiction
Le film d'épouvante
Le film policier
Le western (octobre 89)

LES GRANDS RÉALISATEURS

Alfred Hitchcock
Sergio Leone
François Truffaut

LES GRANDS FILMS

Autant en emporte le vent
James Bond Story (octobre 89)

Nous remercions pour leur aide les personnes suivantes : François Guérif, Henri Gigoux, Alain Petit, Jacques Zimmer, Christophe L., Jean-Claude Romer, Frédéric-Albert Lévy, Philippe Rouyer, Françoise Gregoriadis, Dimitri Petkanas.

Hélène Merrick

François Truffaut

Editions J'ai lu

Il fait nuit. Un petit garçon marche dans une rue déserte en frappant avec une canne le bord du trottoir. Il regarde autour de lui comme s'il craignait d'être suivi. Arrivé devant les grilles fermées d'un cinéma, l'enfant utilise la poignée recourbée de sa canne pour attirer vers lui le présentoir des photos d'exploitation du film à l'affiche. Une à une, il les détache de leurs punaises et s'enfuit en les serrant sur son cœur.

Le film dont il dérobe ainsi le souvenir se nomme Citizen Kane. *Ce n'est qu'un rêve. Un de ceux que fait un metteur en scène pendant le tournage d'un film, quand son sommeil ressemble plus à une veille qu'à un repos mérité. Inquiet des scènes du lendemain, nourri des images passées, en quête d'images futures : c'est ainsi qu'on imagine François Truffaut, et ainsi qu'il s'est décrit en jouant lui-même le rôle d'un metteur en scène dans son propre film,* La Nuit américaine.

La vie de François Truffaut et celle de ses films se confondent comme dans cette séquence : un artiste voué à son art n'en démord pas un instant, même dans ses

Jacqueline Bisset et David Markham dans *La Nuit américaine.*

songes où le poursuit la hantise de ne pas saisir le moment magique, le mystère du cinéma.
Enfant, adolescent, adulte, il est aisé de suivre les étapes de la vie de l'homme et du metteur en scène François Truffaut à travers son œuvre. Les entretiens qu'il a accordés au cours de sa vie, les notes et les lettres écrites avec prodigalité sont autant de points de repère qui, imbriqués dans les images et les dialogues de ses films, donnent quelques clés sur sa personnalité et le secret de sa création.

Sommaire

L'ENFANCE DE L'ART

Jean-Paul Belmondo dans *La Sirène du Mississippi* (1969).

François Truffaut habite durant son enfance à Pigalle, dans ce Paris où il est né le 6 février 1932, rue de Navarin, au pied de la butte Montmartre. Son père, Roland Truffaut, un architecte-décorateur, et sa mère, Jeanine de Montferrand, secrétaire au magazine L'Illustration, *ont une passion commune : l'escalade.*
Voici le petit François intégré à leurs excursions dans la forêt de Fontainebleau, brinquebalé dans un sac à dos. Comme il grandit et commence à peser lourd, on le confie à une nourrice, puis à une grand-mère jusqu'à l'âge de huit ans.
Ainsi que la plupart des enfants, il va à l'école maternelle, rue Clauzel, et à l'école communale, 5, rue Milton.
La classe ne le passionne guère. Il apprend à observer la manière dont les grands vivent autour de lui. Chez ses grands-parents paternels, on est tailleur de pierre, chez sa grand-mère maternelle, on lit sans arrêt. Ce sera elle qui lui donnera le goût de la lecture.
« Ma grand-mère maternelle aimait beaucoup les livres, elle m'emmenait chez un libraire où elle faisait des échanges et discutait des livres qui venaient de paraître. »
Un enfant qui lit s'isole des adultes, de ses parents qui lui répètent sans cesse de se taire, de ne pas faire de bruit, de se faire oublier. François est solitaire, non intégré à

La Peau douce : rappel des escaliers de Montmartre chers à François Truffaut ?

un groupe, élève indiscipliné, fugueur. Puisqu'il ne peut dialoguer qu'avec lui-même et rêver à loisir, il se tourne vers la source d'illusions et d'images la plus accessible, le cinéma et, en 1939, éprouve sa première véritable émotion en voyant Paradis perdu, *au cinéma Gaieté-Rochechouart, en face du square d'Anvers.*

Paradis perdu (1939), film au titre prémonitoire.

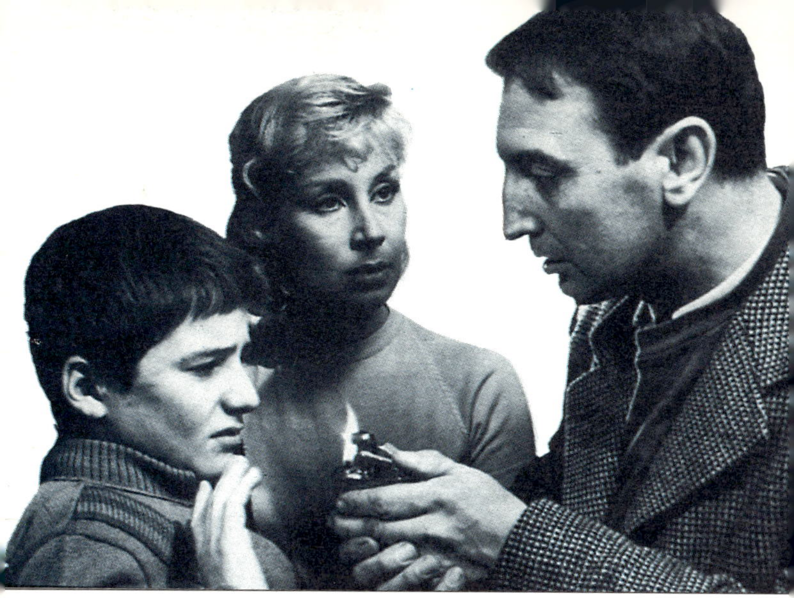

Jean-Pierre Léaud dans *Les Quatre Cents Coups* : perdu dans le monde des adultes.

L'ami d'enfance

En 1942, en pleine guerre, François Truffaut a dix ans. Les salles de cinéma projettent des films américains. François commence à les fréquenter assidûment, faisant l'école buissonnière avec son premier véritable ami, Robert Lachenay, comme lui un cancre glorieux qui redouble sa classe et dont les parents fantaisistes et démissionnaires ressemblent à s'y méprendre à ceux du copain d'Antoine Doinel que Truffaut filmera dans *Les Quatre Cents Coups* un peu plus tard.

« L'instituteur m'a dit, raconte Robert Lachenay, le jour où je suis en arrivé en classe : "Allez vous asseoir à côté de Truffaut, tous les deux vous ferez la paire." On n'était vraiment que tous les deux pour se tenir lieu de famille, on s'épaulait dans notre solitude. C'est très dur d'être enfant, on est toujours traqué, à la maison par les parents, à l'école par les professeurs qui, à l'époque, cognaient comme des sourds. C'était la terreur. »

François et Robert prennent l'habitude de sécher les cours pour aller au cinéma. François, renvoyé de l'école communale, se retrouve à l'école commerciale de la rue Condorcet, toujours flanqué de son petit camarade qui trouve à chaque renvoi le moyen de récolter les mêmes punitions que son acolyte.

Jusqu'en 1942, le petit garçon ne va au cinéma qu'avec sa famille, et ce n'est qu'à partir de cette époque qu'il s'aventure tout seul dans les salles, la plupart du temps sans en informer ses parents.

Une de ses escapades de 1942 l'entraîne dans un cinéma de Pigalle où l'on joue *Les Visiteurs du soir*. Après souper, sa tante propose de l'emmener au cinéma. Film choisi : *Les Visiteurs du soir*. Impossible pour le petit garçon d'avouer qu'il l'a déjà vu. Cette seconde vision agit immédiatement sur lui comme une révélation : « C'est très exactement ce jour-là que je m'aperçus à quel point il était envoûtant d'entrer de plus en plus intimement dans une œuvre admirable

PREMIÈRE ÉMOTION

« On y jouait *Paradis perdu* avec Micheline Presle, d'une beauté et d'une douceur extraordinaires, et Fernand Gravey. La salle était pleine de permissionnaires en uniforme accompagnés de leur jeune femme ou de leur maîtresse. Ce superbe mélodrame d'Abel Gance se déroule de 1914 jusqu'en 1935, et une large section du film est consacrée à la guerre (...). La coïncidence entre la situation des personnages du film et celle des spectateurs était telle que la salle entière pleurait, des centaines de mouchoirs trouaient de points blancs l'obscurité du cinéma, je ne devais plus jamais par la suite ressentir une telle unanimité émotionnelle devant la projection d'un film. »

Amis d'enfance comme François Truffaut
et Robert Lachenay.

au point de se procurer l'illusion d'en revivre la création. »

Saisi par le démon du cinéma, il entame alors une sorte de double vie, s'enfuit de la maison lorsque ses parents sortent le soir, et va voir des films avec au cœur la terreur de ne pas rentrer avant leur retour.

Une idée de clandestinité

« Il arrivait que la peur me fasse partir avant la fin du film... Je garde de cette époque une grande angoisse et les films sont liés à une angoisse, à une idée de clandestinité... De dix à quinze ans, je me suis jeté sur les films, je n'ai aucun recul là-dessus. »

François, intoxiqué par la magie des images animées, prend des notes, établit des fiches techniques, entame une documentation précieuse et maniaque.

Les deux enfants n'ont, bien entendu, pas un sou vaillant à dépenser dans ces séances secrètes. En pleine Occupation, ils souffrent du froid et de la faim, comme tout le monde, aussi déploient-ils, durant cette période de sévère couvre-feu, leur ingéniosité et leur adresse pour se glisser dans les salles par la sortie de secours ou la fenêtre des lavabos. Le frisson du secret, décuplé par le danger, ne leur fait pas oublier les risques d'une telle pratique.

Pour trouver de l'argent, François et Robert ont l'idée de collecter dans chaque salle du 18e et du 9e arrondissement de Paris des renseignements sur les films à venir. Ils notent soigneusement les titres des films et rédigent bientôt un programme hebdomadaire, ancêtre de *L'Officiel des Spectacles*, de *Pariscope* et de *7 à Paris*.

L'argent rapporté par la vente de ces petits bulletins aux habitants de leur quartier ouvre aux

Les frissons du secret et du danger
(J.-P. Léaud dans *Les Quatre Cents Coups*).

jeunes débrouillards les portes de nouvelles séances dont ils se gavent avec délices.

Comme dans le rêve de *La Nuit américaine*, François et Robert, la nuit, dévissent les vitrines des cinémas et volent les photos des films à l'affiche. Ces clichés merveilleux s'ajoutent aux dossiers de plus en plus épais établis par le petit François qui, faute de pouvoir les entreposer dans le deux-pièces exigu de ses parents, les confie à son copain dont le vaste appartement en a vu d'autres.

La gravité de l'enfant, la futilité de l'adulte

Cet endroit devient d'ailleurs pour François un refuge pendant ses fugues. Vers cinq heures du matin, les deux enfants s'endorment épuisés. François sous le lit de Robert, comme Antoine Doinel dans *Les Quatre Cents Coups*, pour éviter d'être découvert par le père Lachenay.

Feindre pour mieux se libérer *(Les Quatre Cents Coups)*.

L'amour des livres ou l'école buissonnière de *L'Argent de poche*.

Le matin, les deux garçons descendent tranquillement par un escalier, feignant de se rendre à l'école, pour mieux remonter par l'escalier de service et s'enfermer dans la chambre de Robert où ils compulsent leurs trésors et dévorent les premiers livres importants de leur jeune existence : Honoré de Balzac, George Sand, Alfred de Musset, Pierre Loti, Paul Bourget, Paul de Kock.

« Je me souviens qu'une fois, François est resté plus de quinze jours à la maison, raconte Robert Lachenay, jusqu'à ce que sa mère, en désespoir de cause, vienne voir la mienne ; celle-ci, qui était ivre et inconsciente de ce qui se passait, ne comprit rien. Cela créa une confusion des plus comiques pour François et moi qui écoutions derrière la porte. »

A l'âge de treize ans, c'est dans un cinéma où l'on passe *Le Roman d'un tricheur* de Sacha

Cancres à l'école, érudits à la ville

Rêver en secret *(Les Quatre Cents Coups).*

Guitry que François Truffaut s'évade toute une journée pour échapper à une crise familiale. Un an plus tard, il arrête ses études et continue son éducation à travers les livres et les films. Grâce à Orson Welles, qui a déjà adapté *Macbeth* et *Othello* pour le cinéma, il découvre Shakespeare ; grâce à la musique de film, il s'intéresse aussi bien à Bernard Herrmann qu'à Stravinski.

Le désir d'indépendance le tenaille, et c'est à

l'occasion d'une fugue qu'il prend un petit travail de coursier, avant de revenir chez ses parents, puis de repartir chercher un emploi. Robert Lachenay, pendant ce temps, devient aussi coursier, puis chasseur à l'hôtel des Deux-Mondes.

L'adolescent Truffaut gagne sa vie péniblement, et, en 1948, inscrit dans tous les ciné-clubs de sa connaissance, il s'évade le samedi soir en particulier dans l'un d'entre eux, le Club du Faubourg.

« Lorsque j'avais treize ans, j'étais extrêmement impatient de devenir un adulte afin de pouvoir commettre toutes sortes de mauvaises actions impunément. »

Grandir impunément

Pendant les débats qui suivent les projections, François Truffaut, quinze ans et demi, intervient de façon souvent virulente et convaincue, provoquant l'amusement et la stupeur parmi les spectateurs plus âgés.

Pour accéder au plus vite à son rêve : vivre du cinéma, il quitte sa place de magasinier et, avec le salaire de son dernier emploi et sa prime de Noël, ouvre un ciné-club au Cluny Palace du quartier Latin, le Cercle Cinémane, dont Robert Lachenay, dix-huit ans, devient le gérant, et où il connaît quelques déboires.

François court les rues la nuit pour afficher le programme du dimanche matin au Cinémane, mais tombe de haut quand les films annoncés manquent au rendez-vous à cause d'un escroc auquel François a fait confiance et qui a filé avec son argent. Voici qu'il faut rembourser les spectateurs furieux de ne voir arriver ni Jean Cocteau pour la projection du *Sang d'un poète*,. ni la copie des *Trois Lumières* de Fritz Lang ardemment attendue.

Le maître et l'apprenti

La chute est dure pour les deux adolescents. François, qui a fugué pour s'occuper de son ciné-club, doit faire face à la colère de son père qui le traîne au commissariat et le fait emprisonner au Centre d'observation des mineurs délinquants de Versailles. La guerre est finie depuis deux ans. L'enfance de François Truffaut s'arrête brusquement.

Des enfants piétinent derrière les barreaux d'une maison de correction, pompeusement nommée

Centre d'observation des mineurs délinquants. Pauvres, teigneux, abattus et affamés, ils sont là pour avoir volé une bicyclette, de la nourriture, de l'outillage dans leur usine ou leur atelier. La guerre est peut-être finie, mais la misère règne encore pour longtemps. Dans le groupe de ces mineurs en marge de la société, un petit garçon amoureux de cinéma : François Truffaut.

En 1948, François Truffaut était devenu un des premiers spectateurs du ciné-club Objectif 49, fondé par André Bazin, Jean-Charles Tacchella,

« J'ai le souvenir de cette période où les commerçants ont été les rois de Paris, et ils étaient absolument odieux. On pouvait dire bonjour, ils ne vous répondaient pas. On était là, humblement, comme des mendiants, comme des petits mendigots ; et après la Libération ça a continué, surtout dans mon quartier de Pigalle. Il y a eu une espèce de mendicité avec les Américains qui sont arrivés, on discutait pour le chewing-gum et le chocolat... »

Le Centre d'observation des mineurs délinquants
(Les Quatre Cents Coups).

« Ces jeunes qui passent leur temps à rouspéter... »

Jacques Doniol-Valcroze, Pierre Kast, Claude Mauriac, Alexandre Astruc, René Clément, Jean Grémillon, et présidé par Jean Cocteau.

Au cours de ses tournées dans les ciné-clubs, François a rencontré celui qui sera son père spirituel, son guide et un ami précieux, André Bazin, « écrivain de cinéma », comme se plaisait à le définir François Truffaut. André Bazin écrivait depuis 1943 dans *L'Écho des étudiants* et s'occupait donc du ciné-club de la Pagode. Il avait suivi avec intérêt l'aventure du Cercle Cinémane de François Truffaut.

Pris au piège dans le Centre d'observation des mineurs délinquants, Truffaut écrit à Bazin qui se met en rapport avec la psychologue de l'établissement et se porte garant de l'adolescent, promettant de le faire travailler avec lui à Travail et Culture, un organisme culturel de Tourisme et Travail.

François Truffaut s'occupe enfin de ce qui l'intéresse : il organise des séances de cinéma, choisit des films de Chaplin qu'il fait projeter dans des usines et à l'occasion de conférences sur le cinéma dans la banlieue de Paris. Encore mineur, Truffaut rencontre Alain Resnais, Remo Forlani, Chris Marker, amis d'André Bazin, et Jacques Rivette, Éric Rohmer qui anime les débats du quartier Latin, Jacques Doniol-Valcroze, Claude Chabrol, Jean-Luc Godard. Tout ce petit monde en effervescence se retrouve en 1949 au festival du Film Maudit de Biarritz, organisé par Jean Cocteau.

De la soudure au journalisme

La période faste ne dure pas longtemps. André Bazin tombe malade, se retire dans un sanatorium, et François, privé de son soutien, doit quitter Travail et Culture.

Pour subsister, le voici dans une usine où il devient soudeur à l'acétylène parmi une majorité d'enfants et de femmes sous-payés. Pourtant, bien que n'ayant pas suivi d'études, François Truffaut n'est décidément pas voué au travail manuel. Ses coups de gueule d'adolescent passionné ont séduit Pierre-Jean Launay, écrivain et directeur de l'hebdomadaire *Elle*, qui engage le jeune homme pour écrire des articles dans ce magazine.

La rubrique cinéma jalousement accaparée par une des femmes

François Truffaut et Robert Lachenay.

LETTRE A
ROBERT LACHENAY

« Il me suffit de regarder en arrière, sur la penderie avec toi et ta mère qui buvait, glouglou, écoles buissonnières, les heures heureuses et les heures tristes aussi, comme disait Pétain, les cavalcades pour emprunter de l'argent à ta grand-mère, le Cercle Cinémane, les bistrots, les premières cigarettes Naja, Jo rue Lepic, Bonamy la charcutière, Trémolo le restaurant, le concert Mayol, Ducornet rue... Il y a tant de choses que je doute que nous en retrouvions des semblables (...) Il me semble que le sacrifice délibéré de trois ans et le choix de l'Indochine sont une garantie d'importance et qui doit te convaincre que je n'hésite plus à agir... Malgré tout (ce que je t'ai fait), Amitiés de françois. »

(23 janvier 1951.)

de l'équipe, Truffaut est contraint de se rabattre sur des reportages de mode et des défilés mondains qui ne le passionnent guère. Dans le même temps il vend quelques photos d'actrices à *France-Dimanche*.

La légende veut que, comme plus tard les héros de ses films, François Truffaut tombe amoureux d'une belle passante et réagisse à une rebuffade par un coup de tête qu'il regrettera très vite amèrement : au début de l'année 1951, il s'engage dans l'armée. « Par désespoir sentimental, écrira-t-il trente ans plus tard à Koichi Yamada, son ami et traducteur japonais, je me suis engagé pour trois ans quand j'avais dix-huit ans (décembre 1950). Pour ne pas aller faire la guerre en Indochine, j'ai déserté, j'ai été pris et mis en prison... »

Comme pour dramatiser encore son départ pour l'armée et la guerre d'Indochine, François Truffaut choisit la semaine séparant Noël et le jour de l'an « de façon à passer le réveillon de Noël dans le civil et le réveillon du jour de l'an militaire, je dois dire que les deux ont été également sinistres ».

Jean-Pierre Léaud et Marie-France Pisier *(Antoine et Colette).*

Déjà conscient d'avoir commis un geste inconsidéré, François Truffaut demande à entrer au Service cinématographique de l'armée, mais se retrouve dans un régiment de l'artillerie en Allemagne du Nord.

SURDITÉ

Durant les manœuvres de l'artillerie, François Truffaut, qui a déjà une oreille endommagée depuis l'enfance, s'abîme l'autre et, toute sa vie durant, aura des difficultés à supporter le bruit, la musique trop forte, les cris. Dans *La Nuit américaine*, tourné en 1973, Truffaut interprète un metteur en scène atteint de surdité et porte un appareil acoustique. Dans le rêve que fait son personnage, le petit garçon qui vole des photos de *Citizen Kane*, une enseigne lumineuse au bout de la rue indique ce mot : surdité.

En 1951, il écrit à Éric Rohmer : « Je suis ici, à Wittlich, en enfer ; discipline incroyable, surmenage, je n'ose me faire porter malade, car étant au peloton, il faut que je monte en grade pour partir en Indochine avec des ficelles. Je subis donc le martyre, "rampé" dans la neige, dans la boue à plein ventre, marche forcée avec 32 kg sur le dos et en plus, topographie, trigonométrie, etc. »

La boue à plein ventre

Amis dans le rire
et dans la peine :
Oskar Werner et Henri Serre
dans *Jules et Jim.*

Son seul refuge durant cette période militaire est l'écriture et la lecture. Le 6 février 1951, François Truffaut a dix-neuf ans, et il tente encore désespérément de s'adapter à la discipline militaire.

A Paris, consterné, André Bazin, que François n'a pas prévenu de son départ, entame des démarches pour le faire revenir. François Truffaut

La boue à plein ventre.

obtient une permission de dix-huit jours avant de partir pour l'Indochine et arrive dans la capitale avec une envie terrible de dévorer des films. Le plaisir de retrouver ses sources et de goûter à sa passion est trop fort : il ne retournera pas en Allemagne. Pourtant, il se constitue prisonnier et retrouve quelque temps les contraintes de la caserne.

Le chemin de la Cinémathèque

Une seconde fugue, et le voici cette fois ramené avec moins de ménagements, menottes aux poings, le crâne rasé et jeté en prison. « Je suis complètement tondu, coupe Stroheim ; au régiment l'accueil a été assez frais, heureusement j'ai fait peu de prison (douze jours seulement) et ils ont été contraints de m'envoyer à l'hôpital. »

A Paris, André Bazin se démène pour faire libérer François Truffaut. « Pour me faire sortir de prison, Bazin a réussi à me faire enfermer dans un hôpital psychiatrique. » Enfermé deux fois de suite à l'asile de fous d'Andernach, « déclaré inapte pour les colonies », le soldat récalcitrant finit par obtenir sa réforme avec le motif non usurpé d'« instabilité caractérielle ».

De retour à Paris après ces déboires cuisants, il retourne aussi vite que possible avenue de Messine, à la petite cinémathèque de quarante places dirigée par Henri Langlois, à ses chers ciné-clubs et dans les salles du quartier Latin. André Bazin le fait entrer aux *Cahiers du cinéma*.

Rescapé des remous d'une adolescence tumultueuse et des vicissitudes de la vie militaire, François Truffaut aborde le premier grand tournant de sa vie professionnelle.

Le jeune loup de la critique

Le premier article de François Truffaut portait sur le film de Jean Renoir *La Règle du jeu*, et fut publié dans le *Bulletin du ciné-club du quartier*

François Truffaut en enfer.

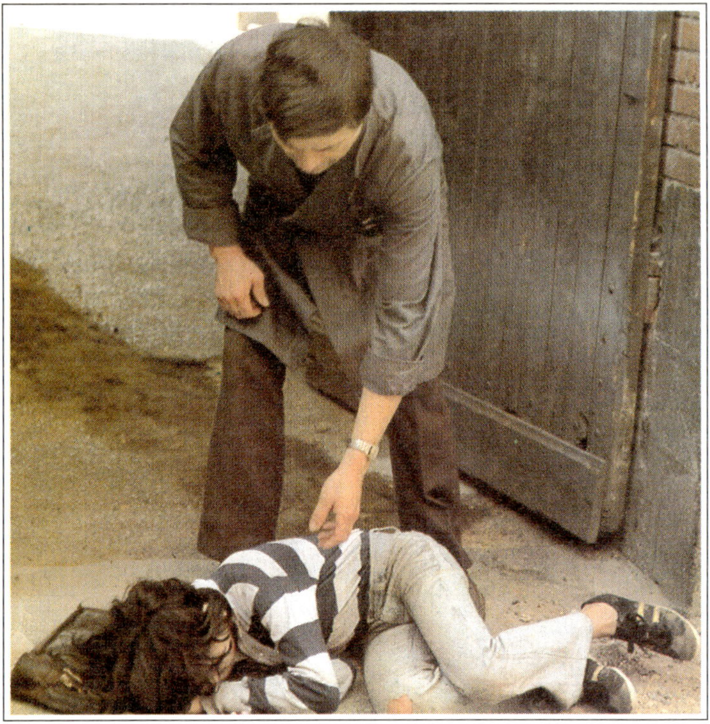

La solitude de l'enfant *(L'Argent de poche).*

Latin. Cet article incita André Bazin à lui confier la recherche de documentation pour un livre sur Jean Renoir qu'il projetait d'écrire.

Dès 1953, celui qui sera le véritable père spirituel de François Truffaut l'encourage vivement à s'exprimer sur ce qu'il aime le plus : le cinéma. En 1954, François Truffaut écrit aussi dans *Cinémonde*.

« Je profite de l'occasion pour vous remercier de m'avoir fait entrer à *Cinémonde* et de ne pas m'avoir chassé malgré les larges congés que je me suis à moi-même octroyés, écrit-il en août 1954 à Maurice Bessy, directeur de *Cinémonde* et délégué du festival de Cannes de 1972 à 1977, mon travail à *Cinémonde* m'a été extrêmement profitable. Tout le monde aux *Cahiers* s'est accordé à trouver que j'avais effectué, dans ma façon d'écrire, des progrès assez sensibles, que pour ma part j'attribue à l'entraînement auquel j'ai été soumis dans votre maison. »

Dans les *Cahiers du cinéma*, en 1956, paraît le fameux et

Le jeune loup de la critique.

sulfureux article « Une certaine tendance du cinéma français », véritable manifeste de l'esprit qui va bientôt animer la Nouvelle Vague et bouleverser le regard du public et des cinéastes sur le cinéma.

En s'attaquant à des réalisateurs reconnus comme Jean Delannoy, Claude Autant-Lara, Yves Allégret, René Clément, dont il attribue le succès à l'habileté des scénaristes, François Truffaut revendique le droit au cinéma d'auteur et regrette que le « réalisme poétique » de Prévert ait cédé la place au « réalisme psychologique ».

Tendance : rébellion

« Ai-je été un bon critique, écrit-il dans la préface des *Films de ma vie*, je ne sais pas, mais je suis certain d'avoir toujours été du côté des sifflés contre les siffleurs et que mon plaisir commençait souvent où s'arrêtait celui de mes

La bande des *Cahiers du cinéma*.

Aux côtés de Jean Cocteau.

confrères : au changement de ton de Renoir, aux excès d'Orson Welles, aux anachronismes de Cocteau, à la nudité de Bresson. Je crois qu'il n'entrait pas de snobisme dans mes goûts et j'approuvais la phrase d'Audiberti "le poème le plus obscur s'adresse au monde entier". »

En 1981, à un journaliste l'accusant d'avoir autrefois « poignardé ses aînés », François Truffaut répond : « Cette idée... est purement calomnieuse. C'est dans les *Cahiers* que Gance, Pagnol, Guitry, Rossellini, Ophuls ont puisé le réconfort et la reconnaissance. Trois mois après la projection des *Quatre Cents Coups* à Cannes, je devenais coproducteur du *Testament d'Orphée* (de Jean Cocteau) que tous les producteurs — Raoul Lévy en tête — avaient refusé. »

Et en 1982, à Jim Paris lui réclamant une préface pour son livre *The Great French Films*

Deux enfants de la Nouvelle Vague : J.-P. Léaud et Alexandra Stewart.

incluant sept films écrits par Charles Spaak, un des scénaristes maniant le « réalisme psychologique », François Truffaut répondait : « Aujourd'hui je suis plutôt serein sur toutes ces questions, et je vous assure que, lorsque je regarde à la télévision un film de Duvivier, René Clair, Grémillon, Autant-Lara, c'est avec le désir de l'aimer et d'avoir une "bonne surprise". Malheureusement, neuf fois sur dix, je suis déçu et je retrouve mes objections de

UNE REVUE POLÉMIQUE

« Tout changea du jour au lendemain pour les *Cahiers*, raconte Jacques Doniol-Valcroze. Nous les avions fondés pour donner une suite à la *Revue du cinéma* d'Auriol, publication sereine sur l'art du film. D'un coup de plume, Truffaut faisait des *Cahiers* une revue polémique, virulente, engagée, il avait ouvert une brèche où s'engouffreraient les autres Jeunes-Turcs. Un mouvement se dessina peu à peu d'où naîtrait ce qu'il est convenu d'appeler la Nouvelle Vague. Et pour la revue ce fut le succès. Il faut le reconnaître, sa célébrité date de là. »

l'époque, principalement en ce qui concerne la représentation de l'amour, les personnages de femmes, les *statements* antibourgeois, l'escamotage des enfants et surtout la fausseté des dialogues. »

François Truffaut entra au journal *Arts* dirigé par Jacques Laurent, après que Parinaud, le rédacteur en chef, et Jean Aurel, chargé de la rubrique cinéma, eurent lu le fameux article des *Cahiers du cinéma*. Avec lui, le « Jeune-Turc » de la critique amena Éric Rohmer, Jean-Luc Godard, Jean Douchet, Jean Domarchi, Claude de Givray, Luc Moullet. Presque toute la rédaction des *Cahiers du cinéma* investissait *Arts*, sauf André Bazin, et Doniol-Valcroze qui travaillait au *Nouvel Observateur*.

Quand ils ne sont pas, comme à la cinémathèque de la rue d'Ulm, agglutinés au premier rang des spectateurs, les journalistes des *Cahiers du cinéma* font un petit tour au festival de Venise en 1956 et François Truffaut décrit avec humour la manière dont ils préfèrent parfois « sécher » les projections pour profiter des agréments de la ville flottante :

« Je crois que le plus sage est de ne rien faire sur Venise dans ce numéro. Il est très difficile d'obtenir des photos, Doniol ne s'occupe de rien et se bronze, Bazin jure tant qu'il peut, Domarchi chasse les frais minois, Moullet rit nerveusement. Quant à moi, j'ai finalement beaucoup de travail pour *Arts*. On peut, par exemple, réserver une page, simplement, dans laquelle prendrait place le palmarès officiel et celui, personnel, de Doniol, Bazin, Truffaut, Bessy, Moullet, Lotter, Salachas, Moskowitz, Chauvet,

UNE VISITE

Jacques Rivette le premier décida de l'avenir de la bande des *Cahiers du cinéma* : ils devaient tous devenir cinéastes. Le premier court métrage en 1954 de François Truffaut se déroula dans l'appartement de Doniol-Valcroze et Lydie Mahias, il mettait en scène la petite fille de ce couple, et Jean-José Richer, des *Cahiers du cinéma*, Robert Lachenay, qui avait acheté la pellicule avec le montant de ses congés payés. Jacques Rivette en assurait les prises de vues. Truffaut ne voulut jamais montrer *Une visite* jusqu'au début des années 80 : il procéda au gonflage de la copie en 35 mm et la projeta à ses amis.

Favalelli, et tutti quanti. Finalement, tous les films sont bons, et méritent un texte. »

La même année, intéressé par le style de François Truffaut, Roberto Rossellini le fait travailler avec lui sur trois projets de films qui ne se concrétisent pas, *La Décision, Carmen* et une *Paisa* soviétique. Qu'importe, Truffaut-scénariste a fait ses premiers pas.

Compromissions et faux pas

Au festival de Cannes 1956, François Truffaut court les projections et écrit : « Cannes, un échec dominé par les combines, les compromissions et les faux pas. » La guerre est ouverte entre le Festival et la Nouvelle Vague issue des *Cahiers du cinéma*.

L'année suivante, le bouillant Truffaut ne figure plus au nombre des invités ! Il se déplace quand même à ses frais et assiste aux projections cannoises dans les rangs du public. Bientôt François Truffaut serait lui aussi en butte aux critiques et aux éloges, puisqu'il allait réaliser son premier « vrai » court métrage : *Les Mistons*.

François Truffaut et Suzanne Schiffman en tournage.

L'ENFANT ROI

Claude Jade : une petite femme bien élevée.

François Truffaut, après un apprentissage tumultueux et fructueux du milieu du cinéma à travers journalisme et critique de films, a tourné son premier court métrage Une visite *et se lance dans un projet un peu plus ambitieux, celui des* Mistons.
Jacques Rivette vient de réaliser Le Coup du berger, *un court métrage qui précède* Paris nous appartient, *dont Truffaut et Chabrol deviennent les coproducteurs.*
En 1958 sont nés Les Films du Carrosse, nommés ainsi par François Truffaut en hommage au Carrosse d'or *de Jean Renoir.*
Tandis que Chabrol songe déjà à se lancer dans l'aventure d'un long métrage, Le Beau Serge, *François Truffaut descend à Nîmes pour y tourner* Les Mistons.
« C'est l'adaptation d'une nouvelle de Maurice Pons. Il y a surtout deux rôles. Je voudrais que Bernadette en fasse un, Gérard, tu feras l'autre. » C'est ainsi que Bernadette Lafont se souvient de la façon dont François Truffaut l'engagea pour tourner dans Les Mistons *alors qu'elle se trouvait sur une plage, au soleil, avec son époux, l'acteur Gérard Blain.*

Le 2 août 1957, dans les arènes de Nîmes, le tournage commence. François Truffaut a vingt-cinq ans, cinq de ses interprètes ont douze ans de moyenne. Ce sont les Mistons, ces petits chenapans qui sèment le trouble dans un couple d'amoureux.

Des chenapans et des amoureux

Jean Malige, le chef opérateur nîmois, apporte son matériel de prises de vues, Claude de Givray est premier assistant, « sans doute, dit celui-ci avec humour, parce que j'avais le permis de conduire, mon travail consistait à amener en voiture les "Mistons" sur le lieu du tournage ! ». Robert Lachenay, l'ami fidèle, a, une fois de plus, ouvert son portefeuille pour financer le film.

François Truffaut a choisi ses interprètes sur place en faisant paraître une annonce dans *Le Midi libre*, et il a bien sûr choisi les plus agressifs, les plus turbulents des candidats.

Les Mistons, avec Bernadette Lafont et Gérard Blain.

François Truffaut et sa fille aînée, Laura.

L'équipe se promène de Nîmes à Montpellier, où plus tard Truffaut reviendra pour tourner *L'Homme qui aimait les femmes*. Le tournage terminé, François Truffaut présente *Les Mistons* au festival de Tours.

Un beau mariage

Tous ceux qui avaient attendu le premier film de Truffaut pour casser du sucre sur le dos de cet impertinent critique en furent pour leurs frais. La critique est unanime : *Les Mistons* est un excellent petit film, dans lequel s'esquissent certains thèmes que Truffaut développera par la suite : le monde des enfants, le couple en danger, la séduction des femmes, l'amour de l'écriture.

Dans la vie, François Truffaut vient d'épouser, le 29 octobre 1957, Madeleine Morgenstern, et parmi leurs témoins, sont présents André Bazin et Roberto Rossellini.

Les Mistons provoquent...

Le père de Madeleine Morgenstern insistera pour produire *Les Quatre Cents Coups*, et François Truffaut lui donne le meilleur conseil du moment : s'assurer les droits de distribution du film soviétique *Quand passent les cigognes*, couronné au festival de Cannes 1958 et succès public international considérable. « Je ne serais jamais tombé amoureux d'une femme qui soit en dehors du cinéma, dira François Truffaut, sûrement pas... Quand j'ai épousé ma femme, Madeleine, elle représentait la femme idéale, celle que j'attendais. »

Antoine Doinel

Truffaut songe déjà à tourner un autre film sur l'enfance, en utilisant cinq sketches dont le premier serait *Les Quatre Cents Coups*, d'abord titré *La Fugue d'Antoine*. François Truffaut s'est toujours défendu d'avoir tourné un film autobiographique avec *Les Quatre Cents Coups*,

Madeleine Morgenstern, « celle que j'attendais », et Laura.

QUI SERA
ANTOINE DOINEL ?

Pour choisir son interprète, François Truffaut avait publié une annonce dans *France-Soir* en septembre 1958. Une soixantaine d'enfants d'environ treize ans se présentèrent avec lesquels le metteur en scène tourna des essais en 16 mm.
« Je me contentai de leur poser des questions assez simples, mon but étant de trouver une ressemblance plus morale que physique avec l'enfant que je croyais avoir été... Jean-Pierre Léaud était différent, il voulait le rôle de toutes ses forces, il s'efforçait d'avoir l'air détendu et blagueur, mais en réalité il était envahi par le trac (...). Il était comme Doinel, solitaire, antisocial, et au bord de la révolte. »
Lors du premier essai, il dira : « Il paraît que vous cherchez un mec qui soit gouailleur, alors je suis venu. »

tout en reconnaissant volontiers s'être inspiré de son expérience scolaire, de sa vie familiale et de ce douloureux passage en maison de correction.

Comme François, Antoine voue un culte à Balzac, dont les livres le transportent, il découvre le sens de la vie dans *La Recherche de l'absolu*. Pour justifier une absence à l'école communale située dans le quartier de Pigalle, il invente des excuses fantaisistes dont le fameux « c'est ma mère... elle est morte » !

Jean-Pierre Léaud dans
Les Quatre Cents Coups.

Sur le tournage des *Quatre Cents Coups.*

Mais plus que les coïncidences volontaires du scénario avec la vraie vie de Truffaut, *Les Quatre Cents Coups* révèlent un univers secret qui bouleverse la vision que le cinéma porte sur les enfants, et que seul Jean Vigo avait abordé dans *Zéro de conduite*.

Cannes s'attendrit

La critique s'emballe : un cinéaste est né, et le plus étonné de son succès est François Truffaut lui-même, quand il apprend qu'on réclame son film en sélection officielle au festival de Cannes ! Un démenti formel à ses anciennes affirmations concernant d'éventuelles « combines » dans le fonctionnement de la sélection, et un bon point pour le Festival dénué de rancune ! *Les Quatre Cents Coups* obtiennent le prix de la mise en scène.

« C'était peu de temps après la guerre, il y avait recrudescence de délinquance juvénile, les prisons d'enfants étaient pleines. J'ai bien connu ce que j'ai montré dans le film — le commissariat avec les putains, la voiture cellulaire, le ''dépôt'', l'identité judiciaire, le cachot ; je ne veux pas m'étendre sur ce sujet, mais ce que j'ai connu était plus dur que ce que j'ai montré dans le film. »

« Que reste-t-il de tout cela... »

Avec le temps et le succès, le visage de François Truffaut devient aussi populaire que celui de son héros, Antoine Doinel.

Antoine Doinel, « ce personnage imaginaire qui se trouve être la synthèse de deux personnes réelles, Jean-Pierre et moi », évolua avec l'acteur, qui lui-même ressemblait de plus en plus à son réalisateur avec les années.

Truffaut et Léaud comme des frères.

Les Quatre Cents Coups racontaient à quel point l'adolescence est, selon les propres termes de François Truffaut, « un mauvais moment à passer »... Le sevrage affectif, l'éveil de la puberté, le désir d'indépendance, le sentiment d'infériorité sont les signes caractéristiques de cette période. Un seul trouble entraîne la révolte et cette crise est appelée justement « d'originalité juvénile ».

MÉMOIRE

« Je dois tout à François Truffaut. Non seulement il me communiqua son amour pour le cinéma, mais il me donna le plus beau métier du monde : il fit de moi un acteur. Aujourd'hui l'acteur préfère se taire pour laisser vivre et parler sur l'écran les personnages d'Antoine, de Claude et d'Alphonse. J'ajouterai que François est l'homme que j'aimais le plus au monde, comme il le disait de son ami André Bazin. Il me manque. Il nous manque. »

Jean-Pierre Léaud.

L'éducation sentimentale
d'Antoine Doinel
(Baisers volés).

Le monde est injuste, donc il faut se débrouiller, alors on fait les « quatre cents coups ».

François Truffaut résista à l'envie de tourner une suite immédiate aux *Quatre Cents Coups*, par crainte d'être accusé d'« exploiter le filon » du succès. Comme pour se rattraper, il saisit une seconde fois Antoine Doinel juste avant qu'il ne sorte tout à fait de l'adolescence tardive en tournant un sketch de *L'Amour à vingt ans, Antoine et Colette*, dans lequel Antoine, amoureux d'une jeune fille rencontrée aux Jeunesses musicales de France, devient l'ami de la famille et grille toutes ses chances de la séduire.

Antoine Doinel, encore imprégné de l'enfance, maladroit et timide, va devenir, dans le troisième

J.-P. Léaud et M.-F. Pisier : *Antoine et Colette.*

épisode de ses aventures, un peu plus agressif, avec une élégance insolente et une manière de fausse ingénuité qui cache en vérité la candeur d'une éternelle enfance. C'est le temps des *Baisers volés*.

Cinéaste et militant

L'amour est-il gai ou triste ? Pour Antoine Doinel, il commence par une frustration : la jeune fille des Jeunesses musicales, rencontrée dans *Antoine et Colette*, lui en a préféré un autre qu'elle lui présente d'ailleurs comme son mari dans une courte scène de *Baisers volés*. Au début du film, Antoine Doinel, six ans après *Antoine et Colette*, quitte le service militaire, réformé pour « instabilité caractérielle », comme le fut François Truffaut quand il échappa à son engagement volontaire pour l'Indochine.

Antoine Doinel, après avoir été brièvement veilleur de nuit dans un hôtel, se retrouve vendeur chez un marchand de chaussures, chargé de trouver une explication à l'antipathie que

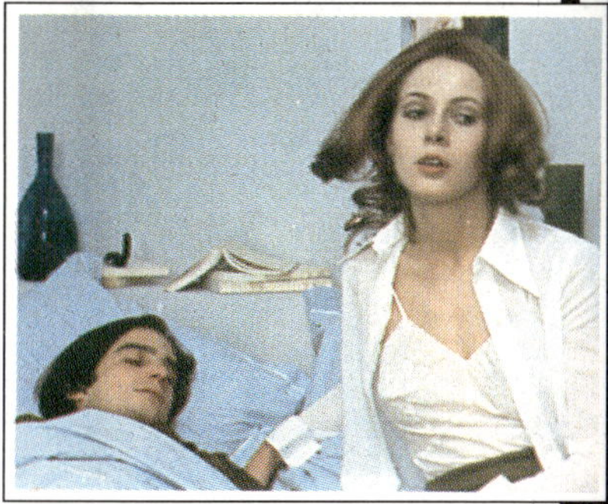

Jean-Pierre Léaud et Claude Jade *(Baisers volés).*

ce commerçant inspire à son personnel. Cette enquête inattendue amène Antoine dans les bras d'une femme mystérieuse qui n'est autre que l'épouse de son patron. Cet intermède amoureux qu'il assimile au roman de Balzac, *Le Lys dans la vallée*, ne l'empêche pas de voler quelques baisers à Christine, une jeune fille qui deviendra sa femme dans l'épisode suivant.

François Truffaut dédia *Baisers volés* à Henri Langlois, fidèle gardien de la Cinémathèque française qu'il dirigeait avec amour et pour laquelle il avait rassemblé depuis trente ans un stock impressionnant de films inestimables.

« BAISERS VOLÉS, RÊVES MOUVANTS »

« Le pivot du film, sa raison d'être, c'était encore une fois Jean-Pierre Léaud. Si d'un film interprété par lui, le public de *Baisers volés* avait attendu un témoignage sur la jeunesse moderne, il aurait été déçu, car Jean-Pierre m'intéresse justement par son anachronisme et son romantisme, il est un jeune homme du XIXᵉ siècle. Quant à moi, je suis un nostalgique, mon inspiration est constamment tournée vers le passé. Je n'ai pas d'antennes pour capter ce qui est moderne, je ne marche que par sensations ; c'est pourquoi mes films — et plus particulièrement *Baisers volés* — sont pleins des souvenirs de jeunesse des spectateurs qui les regardent. »

Le tournage de *Baisers volés* commença le 5 février 1968. « Le 9 février, raconte François Truffaut en 1972, je suis arrivé sur le plateau avec deux heures de retard parce que je sortais du conseil d'administration de la Cinémathèque française au cours duquel, par un vote gouvernemental, Henri Langlois fut destitué et remplacé par un candidat ''officiel'', Pierre Barbin. A partir de là, j'ai mené une double vie de cinéaste et de militant, donnant des coups de téléphone entre le tournage de chaque plan, alertant les radios étrangères, créant avec mes amis le ''Comité de défense de la Cinémathèque'',

Antoine Doinel et la teinture des fleurs
dans *Domicile conjugal.*

quitte à manquer la projection de mes propres rushes. Dans l'équipe du film, nous avions mis au point ce slogan : "Si *Baisers volés* est un bon film, ce sera grâce à Langlois, s'il est mauvais, ce sera à cause de Pierre Barbin." »

Henri Langlois finit par être réintégré, et François Truffaut s'attela au tournage de *L'Enfant sauvage* et à l'écriture de *Domicile conjugal*.

« Cette fois n'attendez pas pour nous montrer la suite, je veux revoir ce petit couple, marié », avait recommandé Henri Langlois à François Truffaut après la sortie de *Baisers volés*.

Avec Claude de Givray et Bernard Revon, François Truffaut imagine une comédie conjugale qu'il souhaite proche des comédies américaines de George Cukor ou Leo McCarey, « sans oublier l'influence de Lubitsch qui est déterminante quand il s'agit d'agencer des événements familiers en vue d'obtenir les rires du public, tout cela étant

Antoine et Christine pour la vie ?

Qui trompera l'autre le premier ?
J.-P. Léaud et C. Jade dans *Domicile conjugal.*

finalement traité évidemment dans un esprit français ».

Antoine Doinel est marié. Il vit dans un quartier où les petits commerçants ont encore pignon sur rue, et dans un immeuble sur cour intérieure où, tout en côtoyant ses voisins comme une seconde famille, il exerce un métier des plus farfelus : la teinture de fleurs naturelles. Lorsque Antoine trouve un travail plus « sérieux », il s'agit pour lui de jouer avec des maquettes de bateaux qu'il dirige à l'aide d'une télécommande dans un bassin.

Les traditions en fuite

Les jeux de l'enfance poursuivent Doinel adulte, et François Truffaut regretta plus tard d'avoir été « trop sévère avec Antoine Doinel, d'avoir jeté sur lui un regard critique, comme sur le Pierre Lachenay de *La Peau douce*. C'est probablement parce que *Domicile conjugal* nous montre non plus un adolescent mais un adulte, et que je suis moins tendre pour les adultes que pour les adolescents, même si Pierre Lachenay et Antoine Doinel se ressemblent comme des frères ».

L'année de *Baisers volés*, 1968, fut, comme chacun sait, une époque cruciale pour l'évolution des idées et des mœurs. Quelqu'un comme François Truffaut, qui avait contribué à bouleverser le cinéma traditionnel dans les *Cahiers du cinéma* et avec la Nouvelle Vague, joua un rôle important dans les bouleversements étudiants et les remous qui agitèrent le festival de Cannes 1968 : l'action pour le retour de

« QUE RESTE-T-IL DE NOS AMOURS ? »

« Quand ils sont terminés, je m'aperçois que mes films sont toujours plus tristes que je ne l'aurais voulu. Je fais chaque fois la même constatation. *Baisers volés*, je l'ai voulu drôle. Quand j'ai commencé à faire du cinéma, j'ai cru d'abord qu'il y avait les choses drôles et les choses tristes. Puis j'ai essayé de passer brusquement d'une chose triste à une chose drôle.
Il m'a semblé en tournant *Baisers volés* que le plus intéressant était de faire en sorte que la même chose soit à la fois drôle et triste à la fois. »
Il en va de même pour *Domicile conjugal*...

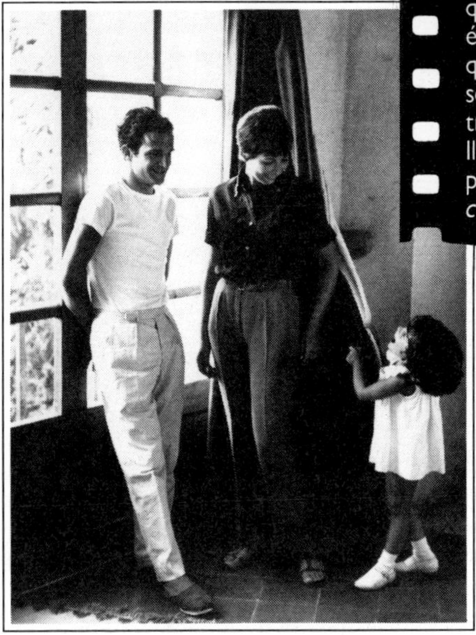

François, Madeleine et Laura Truffaut.

Henri Langlois tout d'abord, soutenu par un pamphlet violent paru dans *Combat*, l'affrontement au palais de Chaillot, où se tient le musée du Cinéma, la sortie glorieuse des deux blessés, Godard et Truffaut, la reddition de Malraux devant cette agitation, ces événements accumulés et la constatation qu'un gouvernement peut céder à la pression du plus grand nombre encouragèrent sans aucun doute les étudiants à manifester dans la foulée tous leurs autres mécontentements.

Le 13 mai 1968 et sa nuit des barricades rassemblait étudiants et travailleurs de tous bords,

Antoine Doinel baptise son fils Alphonse.

Antoine Doinel le volage.

tandis qu'à Cannes, où Louis Malle présentait *Histoires extraordinaires* en compétition officielle avec Roger Vadim et Federico Fellini, François Truffaut, Claude Lelouch et leurs compères de la Société des réalisateurs de films faisaient cesser les projections et déclaraient clos le 21e festival de Cannes le 19 mai à midi.

Antoine a-t-il trouvé son maître ?
Dorothée et J.-P. Léaud dans *L'Amour en fuite.*

Vingt ans ont passé depuis la première apparition d'Antoine Doinel dans le cinéma de François Truffaut.

Pour clore le cycle, François Truffaut a imaginé une série de flash-back rappelant les étapes de la vie d'Antoine Doinel, sans se priver de tricher en utilisant des plans de *La Nuit américaine*, lorsque Jean-Pierre Léaud a une altercation avec Dani, ou en ajoutant des personnages clés que le couple aurait rencontrés durant les années qui séparent *Domicile conjugal* de *L'Amour en fuite*. Dani, la Liliane de *La Nuit américaine*, trouve ainsi sa place dans une sorte de ménage à trois, un thème affectionné du cinéma « adulte » de François Truffaut.

« J'avais décidé que je ne toucherais plus au matériel Doinel, puis j'ai décidé de faire un film court, conclusif. J'ai quand même eu la chance de filmer un acteur à différents moments de sa vie, il faut en profiter. »

Dans *L'Amour en fuite*, Antoine Doinel est amoureux de Sabine, vendeuse chez un disquaire. Divorcé de Christine, il voit régulièrement son fils dont elle a la garde. Il retrouve sur son chemin Colette, la fille des Jeunesses musicales, devenue avocate, et amoureuse d'un libraire, chez qui elle achète le roman qu'a écrit Antoine, *Les Salades de l'amour*. La lecture de ce livre permet à François Truffaut de revenir sur le passé d'Antoine.

Portraits d'enfance

La machine à rêve d'Hollywood choisissait des enfants dont elle faisait des vedettes, et Shirley Temple ou Dean Stockwell étaient pris en main de la même manière qu'on fabriquait des stars comme Jean Harlow ou Marilyn Monroe. Les histoires dans lesquelles ces mini-étoiles apparaissaient ne donnaient qu'une idée très éloignée du véritable monde de l'enfance.

Le souvenir de sa propre enfance demeurait-il si vif dans la mémoire et la sensibilité de François Truffaut qu'il sut si bien filmer les enfants pour

Les enfants de *L'Argent de poche*.

LA POÉSIE
DE L'ENFANCE

« Il arrive que dans certains films l'enfant soit trahi par un vice de forme du scénario, c'est-à-dire qu'on l'escamote au profit d'un élément jugé poétique d'emblée, un objet, parfois un animal. Les enfants amenant avec eux automatiquement la poésie, je crois qu'il faut éviter d'introduire des éléments poétiques dans un film d'enfants, en sorte que la poésie naisse d'elle-même, comme de surcroît... Pour être plus concret je trouverai davantage de poésie dans une séquence qui montrera un enfant en train d'essuyer la vaisselle que dans telle autre où le même enfant en costume de velours cueillera des fleurs dans un jardin sur une musique de Mozart. »

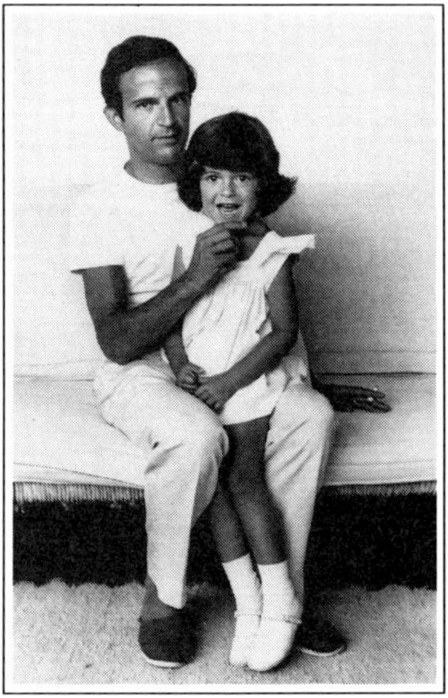

François et Laura.

Ewa la cadette.

eux-mêmes, naturels, spontanés, tracassiers, touchants, poétiques ?

Dans une forêt de l'Aveyron, des paysans découvrent, en l'année 1798, un enfant de douze ans, qui ne sait ni parler ni marcher sur ses pieds. Ayant vécu parmi les animaux, il se déplace à quatre pattes, et mord ceux qui essaient de l'approcher. Fait prisonnier par les gendarmes, il est recueilli par le Dr Itard, qui décide de faire son éducation. D'abord exhibé comme une bête curieuse, l'enfant sauvage entame le long et pénible apprentissage de la civilisation : porter vêtements et chaussures, manger autrement qu'avec les mains, marcher debout, vivre dans une maison, parler, lire… Le Dr Itard le baptise Victor. Qu'adviendrait-il de l'enfant si, par malheur, le docteur tombait malade ? Retournerait-il vivre dans la forêt ? Reviendrait-il dans sa nouvelle maison ?

Le docteur Itard

François Truffaut cherche à communiquer avec l'enfant sauvage.

Victor de l'Aveyron vu par le dessinateur de BD Gotlib.

L'expérience du docteur serait-elle un échec ?

L'enfance en prison

Famille, école, institutions, maisons de correction, colonies de vacances, prisons. L'enfant, dans le monde de Truffaut, survit derrière des barreaux qu'il ne cherche qu'à briser. Seul, il se heurte à la force des adultes, Victor comme Antoine Doinel.

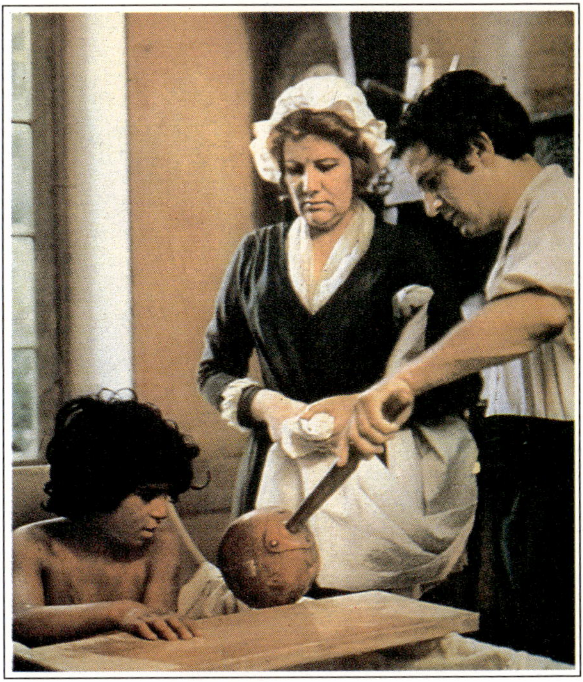

L'Enfant sauvage : version Truffaut, version Gotlib.

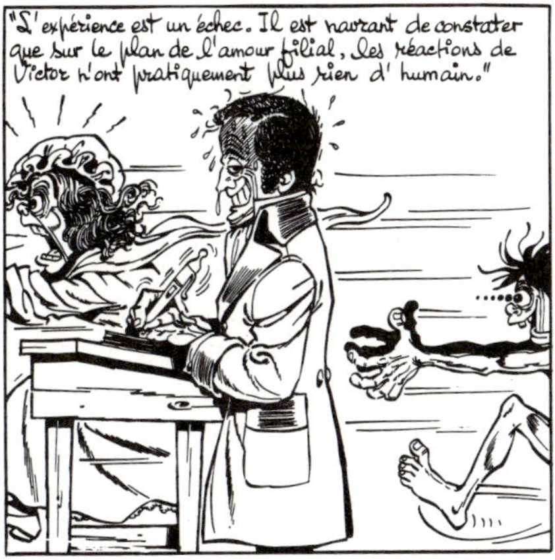

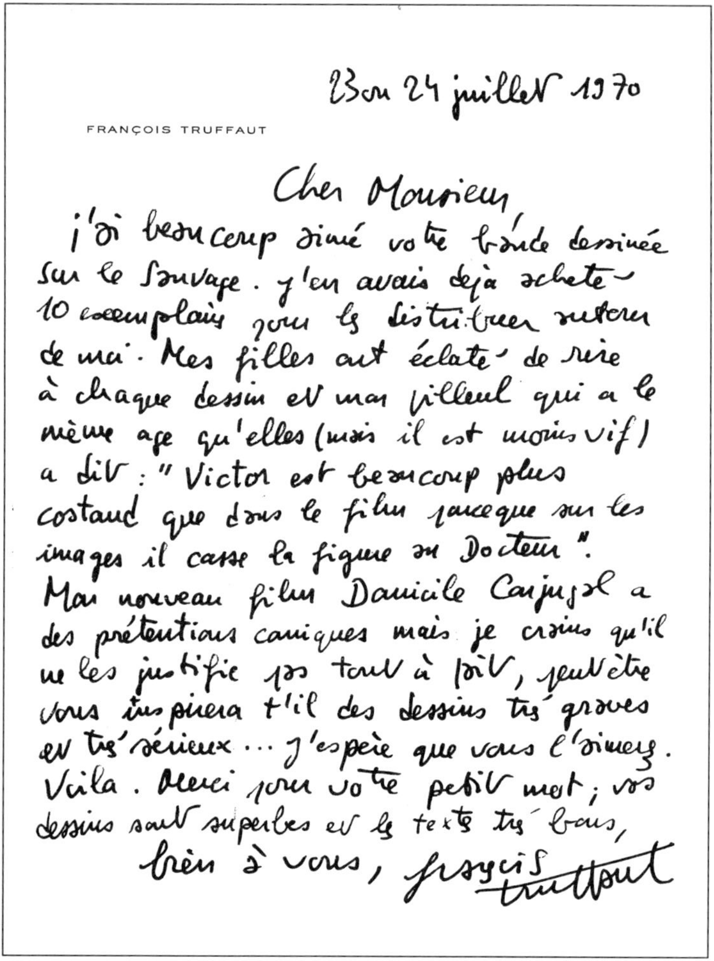

23 ou 24 juillet 1970

FRANÇOIS TRUFFAUT

Cher Monsieur,

j'ai beaucoup aimé votre bande dessinée sur le Sauvage. J'en avais déjà acheté 10 exemplaires pour les distribuer autour de moi. Mes filles ont éclaté de rire à chaque dessin et mon filleul qui a le même age qu'elles (mais il est moins vif) a dit : "Victor est beaucoup plus costaud que dans le film parceque sur les images il casse la figure au Docteur".
Mon nouveau film Domicile Conjugal a des prétentions comiques mais je crains qu'il ne les justifie pas tout à fait, peut-être vous inspirera t'il des dessins très graves et très sérieux... J'espère que vous l'aimerez.
Voila. Merci pour votre petit mot ; vos dessins sont superbes et les textes très bons,

bien à vous, françois truffaut

Lettre de Truffaut à Gotlib après parution de *L'Enfant sauvage* en BD.

En groupe, il attaque : dans *Les Mistons*, les enfants traquent deux adultes, qu'ils détestent et envient en même temps.

Avant *L'Argent de poche*, le monde des adultes et celui des enfants ne pouvaient trouver un terrain d'entente devant la caméra de Truffaut. *L'Enfant sauvage*, pour lequel François Truffaut revêtait pour la première fois l'habit de l'éducateur, du père à la manière dont André Bazin avait été son propre guide dans la vie, avait beau avoir progressé dans les ânonnements des us et coutumes de la société du XVIIIe siècle, la fin du film laissait des doutes sur l'utilité et l'efficacité de son évolution.

Un film allait aborder toutes ces questions et clore le cycle de l'enfance par un regard plein d'espoir.

Armés pour l'instruction... *(L'Argent de poche.)*

L'heure était enfin arrivée pour François Truffaut de dénouer les fils de tous les sketches sur l'enfance auxquels il pensait depuis des années.

Au royaume des enfants

Les élèves d'une classe, aux familles et aux histoires différentes, sont suivis dans *L'Argent de poche*, avec attention et amour, et leurs devenirs s'imbriquent les uns dans les autres.

Issus de milieux sociaux différents, leur lieu de rencontre, la classe, permet à Truffaut d'observer comment ils vivent les uns avec les autres, et comment leur origine influe sur leur comportement.

Les temps ont changé depuis *Les Quatre Cents Coups* : l'instituteur en blouse grise d'Antoine Doinel, sévère, punitif, sans nuances, fait place dans *L'Argent de poche* à une sorte de médiateur qui tient du copain, du grand frère, et du guide. Les parents des *Quatre Cents Coups*, plus prompts à lancer des gifles et des exhortations au silence, deviennent dans *L'Argent de poche* des grandes personnes attentives, qui ne regardent plus leur enfant comme un étranger. Entre-temps s'est déroulée la révolution de 1968, et c'est « l'Année de l'enfance ».

Comme tout n'est pas rose, la petite classe de François Truffaut possède son enfant martyr, battu et marginal, aux parents indignes et alcooliques. Là encore, le progrès veut qu'il soit capable de se débrouiller tout seul, et qu'il sache assumer son « malheur » avec une certaine santé. Et comme dans un de ces films américains et français que François Truffaut allait voir avidement dans son enfance et son adolescence, *L'Argent de poche* se termine sur l'image d'un baiser. Le générique de fin défile sur une multitude d'enfants, véritable bouquet final de cet hymne à l'innocence.

« Je dois tout à François Truffaut » (Jean-Pierre Léaud).

CHERCHEZ LA FEMME

Charles Denner et Leslie Caron.

« L*es femmes sont-elles magiques ? » s'inquiète Antoine Doinel dans* Baisers volés. *La question n'ayant été résolue par aucun de ses interlocuteurs, Alphonse, interprété de nouveau par Jean-Pierre Léaud dans* La Nuit américaine, *la repose à plusieurs personnes. « Pas du tout », lui répond-on, ou : « Ah oui, elles sont magiques », ou encore : « Quand elles te disent qu'elles ont rencontré des êtres exceptionnels, c'est qu'elles se sont tapé des tas de types. »*
Les femmes auraient-elles acquis cette « magie » après laquelle court le héros favori de Truffaut grâce à la multiplicité de leurs expériences ? Sont-elles réelles ou du domaine du rêve ?
Lorsque Antoine Doinel, dans Baisers volés, *répète son propre nom à l'infini devant son miroir et scande ensuite celui de Fabienne Tabard (Delphine Seyrig) à perdre haleine, en s'assurant de sa propre existence, il essaie de donner une réalité à cette femme mystérieuse qu'il imagine comme une héroïne de fiction. En accolant ces deux noms, il se rapproche également un peu de Mme de Mortsauf du* Lys dans la vallée, *et concrétise l'alliance du réel et de l'imaginaire.*

Les femmes sont-elles magiques ? *(Baisers volés.)*

Madeleine Morgenstern, la femme de François Truffaut, lui donna à lire un livre de David Goodis qui le charma.

« Une jeune fille pure et digne »

Encore sous le coup du prix de la mise en scène décerné par le festival de Cannes aux *Quatre Cents Coups*, François Truffaut fait part à Pierre Braunberger de son désir de tourner *Tirez sur le pianiste*. Le producteur, confiant, achète les droits du livre et engage Charles Aznavour, sur le conseil de Truffaut, qui se lance immédiatement dans l'adaptation du roman. « On retrouve en lui, disait François Truffaut, un harmonieux dosage d'audace, d'humilité, d'agressivité et d'abandon. »

Cet antihéros du cinéma policier donna surtout l'occasion à François Truffaut de bâtir en 1960 son premier personnage de femme « forte » et

Les Truffaut en famille.

indépendante qu'il développa très vite avec *Jules et Jim* et ses films suivants.

Tourné juste après *Les Quatre Cents Coups, Tirez sur le pianiste* triompha au Canada, mais connut un succès mitigé en France où le public se montra dérouté par le mélange d'éléments comiques et tragiques. Truffaut avait fidèlement suivi le roman de David Goodis qu'il admirait beaucoup : « ... Une coïncidence admirable entre la Série noire et le conte de fées. Voilà du matériel qui pourrait être sordide, nous sommes dans le gangstérisme, les affaires criminelles et cela est traité sur un ton purement féerique... »

Il faut ne pas choisir

Avec son humour féroce, Truffaut imaginait *Tirez sur le pianiste* « candidat au festival de Berlin, afin de se faire siffler en allemand, ce qui, après tant d'années d'occupation américaine, pourra passer pour un triomphe » !

Lorsque Claude Jade-Christine quitte Jean-Pierre Léaud-Antoine Doinel dans *Domicile conjugal*, celui-ci lui dit avec regret : « Tu es ma sœur, tu es ma mère, tu es ma fille... » et elle lui répond : « J'aurais bien voulu être aussi ta femme. »

Le personnage d'Alphonse, dans *La Nuit américaine*, dont François Truffaut lui-même, jouant le rôle d'un metteur en scène, dit : « Alphonse est un enfant », est décrit ainsi par Dani, sa petite amie scripte qui l'abandonne pour un cascadeur anglais : « Alphonse

Charles Aznavour dans *Tirez sur le pianiste.*

TIREZ SUR LE PIANISTE

« Il y a trois femmes dans *Le Pianiste* : Michèle Mercier, la voisine de palier de Charles Aznavour, en même temps qu'une prostituée, Nicole Berger, la femme épouse meurtrie qui se jette par la fenêtre, Marie Dubois qui vient de l'Assistance publique, la fille avec qui tout pouvait recommencer. Ces trois personnages représentent trois caractères de femmes qu'un homme peut rencontrer dans sa vie. » Édouard Saroyan, un pianiste virtuose, découvre que sa femme a couché avec un impresario pour favoriser son ascension. Parce que Édouard n'a pu le lui pardonner, sa femme s'est jetée par la fenêtre. Devenu pianiste dans un café dansant, il se fait appeler Charlie et n'attend plus rien de la vie. Léna, la jeune serveuse qui l'aime, le décide à tout recommencer, mais l'intrusion de deux de ses frères, poursuivis par des gangsters, va briser le rêve des deux amoureux.

Françoise Dorléac dans *La Peau douce.*

est toujours dans tous ses états, il lui faut une mère, une sœur, une fille, une maîtresse, je ne me sens pas capable de jouer tous ces rôles-là. »

A nouveau, le Jules de *Jules et Jim*, délaissé par sa maîtresse Thérèse, avoue à Jim qu'elle était « sa jeune mère, sa fille attentive » !

Si toutes les femmes de l'univers de François Truffaut ne sont pas explicitement désignées par ces termes « familiaux », du moins font-elles presque toujours preuve d'une certaine autorité, mêlée d'une incontestable féminité, mais dont la douceur de velours cache, selon le dicton, une main de fer.

Jules et Jim sont amis. Ils rencontrent Catherine, dont le visage leur rappelle de façon frappante celui d'une statue découverte sur une île de l'Adriatique. Pour Jules et Jim, cette femme de

Marie Dubois, Charles Aznavour, François Truffaut.

Marie Dubois,
« la fille avec qui
tout pouvait recommencer ».

pierre évoquait la femme parfaite. Ne sachant départager les deux hommes dont elle est également éprise, Catherine va les aimer successivement, leur donner son cœur simultanément et leur promettre à chacun de l'épouser et de lui donner un enfant. Catherine réglera la confusion de ses sentiments de manière tragique et définitive.

Jules et Jim, pour François Truffaut, représentait un « hymne à la vie et à la mort, une démonstration par la joie et la tristesse de l'impossibilité de toute combinaison amoureuse en dehors du couple ». Le 21 octobre 1963, il entamait le tournage de *La Peau douce*.

La Peau douce

L'héroïne du film, une jeune hôtesse de l'air à l'allure résolument moderne et indépendante, ne pouvait que séduire « l'homme du XIXe siècle », comme le décrit François Truffaut, interprété par Jean Desailly dans *La Peau douce*.

Ce tendre et faible héros, nommé Pierre Lachenay, comme l'ami d'enfance de Truffaut, est

Trio d'amour : Jules, Jim et Catherine.

Henri Serre, Jeanne Moreau,
Oskar Werner dans *Jules et Jim.*

un admirateur de Balzac, sur lequel il donne des conférences et peut disserter à perte de vue. Comme Antoine Doinel, décrit au moment de *Baisers volés* tel « un jeune homme du XIXe siècle » qui voit en Delphine Seyrig l'héroïne du *Lys dans la vallée* du même Balzac auquel il a voué un culte dès *Les Quatre Cents Coups*, Pierre Lachenay réinvente la jeune hôtesse à la manière de *La Fille aux yeux d'or* ou d'Angélique de Granville.

N'appartenant pas à ce siècle où les femmes travaillent dans des boeings tandis qu'il étudie les mœurs du siècle dernier, Pierre Lachenay ne peut que céder aux pièges de l'adultère et s'enferrer dans les maladresses du mensonge et du double jeu. Sa femme Franca, tout comme Nicole, sa maîtresse, le mènent chacune à sa manière, « par le bout du nez ».

Qu'il croie avoir trouvé le bonheur et présente à Nicole le nid de leurs futures amours conjugales, et la jeune femme s'envole ; qu'il songe, tristement et banalement, à regagner ses foyers, et Franca se dresse devant lui, tel l'ange de la vengeance, pour lui faire payer son faux pas à coups de fusil. Chez l'une et l'autre de ces femmes, aucune hésitation. L'une reprend sa liberté, et l'autre regagne sa dignité. L'homme n'a été que leur petit clown gai et triste.

Trios sans issue

Que ce soit dans *La Peau douce*, où l'homme est tiraillé entre sa femme et sa maîtresse, dans *Tirez sur le pianiste*, où le souvenir de sa femme suicidée imprègne la relation d'Aznavour et de Marie Dubois, dans *Jules et Jim*, où le cœur de Catherine balance entre deux hommes, l'amour ne se résume pas au bonheur du couple, mais se prodigue à trois.

Chacun de ces films, comme plusieurs autres de François Truffaut, se termine par la mort d'un des trois intéressés, provoquée à l'intérieur même du trio par un de ses membres qui décide pour les autres de l'avenir ou du non-avenir de leur amour.

Françoise Dorléac et Jean Desailly dans *La Peau douce.*

Une irrésistible hôtesse de l'air : Françoise Dorléac.

Une exception à la règle : Catherine Deneuve, Marion Steiner dans *Le Dernier Métro*, qui assume son amour pour Gérard Depardieu son amant, et Heinz Bennent, son mari, avec l'accord des deux hommes, jusqu'à paraître en public main dans la main avec eux. Au théâtre, tout est permis, au cinéma aussi, et sans doute l'apparition d'une actrice comme Marion Steiner, prodiguant son affection devant une salle emplie de spectateurs, peut-elle être interprétée par ceux-ci comme une des fantaisies du spectacle et du jeu, art de l'illusion, de la permissivité et de l'impunité.

Les autres films de François Truffaut traitant du trio amoureux finissent toujours tragiquement : *Les Deux Anglaises et le Continent*, histoire de deux

FRANÇOISE DORLÉAC

« Pour tous ceux qui l'ont connue, Françoise Dorléac représentait davantage une personne comme on en rencontre peu dans son existence, une jeune femme incomparable que son charme, sa féminité, son intelligence, sa grâce, et son incroyable force morale rendaient inoubliable à quiconque avait parlé une heure avec elle. (...) Françoise Dorléac aurait certainement trouvé, avec la trentaine, le vrai contact avec le grand public. Je lui disais qu'on tournerait tous les six ans et je lui donnais rendez-vous en 1970, 1976, 1982. Chaque fois que je lui écrivais, je mettais sur l'enveloppe : Mlle "Framboise" Dorléac, pour être certain qu'elle lirait ma lettre en souriant... »

Le parfum aigre-doux de l'adultère : *La Peau douce*.

sœurs amoureuses d'un garçon, dont l'une ne survit pas ; *La Femme d'à côté*, où la maîtresse retrouvée harcèle son ancien amant marié et ne se résout pas plus que lui à trancher le lien, préférant l'entraîner dans la mort où, peut-être, « Dieu réunit ceux qui s'aiment », comme dans la chanson d'Édith Piaf.

« L'insoutenable légèreté de l'être »

Après le couple, difficilement maintenu, puisque Antoine Doinel lui-même, ayant épousé la Christine de *Baisers volés* dans *Domicile conjugal*, la trompe avec une Japonaise de passage, après le trio sans issue, François Truffaut s'intéressa aux personnages dont le cœur s'éparpille aux quatre vents. Doinel, tout en pensant à Christine, rêve à Mme Tabard-Delphine

Françoise Dorléac et François Truffaut : l'amitié éblouie.

LES DEUX ANGLAISES ET LE CONTINENT

Deux sœurs anglaises tombent amoureuses de Claude, un jeune Français. Leur histoire qui commence en 1899 durera une vingtaine d'années. La vie sépare et rapproche le trio, sans que Claude se décide à choisir entre elles, jusqu'au jour où la mort en emporte une, laissant le jeune homme à ses souvenirs et ses regrets.
« Avec ce film, j'avais voulu presser l'amour comme un citron », dira François Truffaut. « Il existe parfois en amour une vraie violence des sentiments, c'est elle que j'ai voulu filmer ; je ne parle pas seulement des étreintes que j'ai tenté de traiter avec objectivité et crudité, sans musique, mais aussi des aveux, des confessions, des ruptures qui peuvent conduire les personnages jusqu'au vomissement ou à l'évanouissement... J'ai essayé de faire non pas un film d'amour physique mais un film physique sur l'amour. »

Seyrig, rend visite à une belle prostituée, Marie Dedieu, essaie de séduire Colette-Marie-France Pisier dans *L'Amour en fuite* tout en aimant Sabine-Dorothée.

L'Homme qui aimait les femmes « craque » pour leurs jambes, qu'il serait capable de suivre au bout du monde, puisqu'elles « sont des compas qui parcourent la Terre en tous sens ». L'Homme qui aimait les femmes n'hésite pas à s'arracher au lit d'hôpital, pour suivre le galbe incomparable des jambes et de la silhouette d'une infirmière.

Duo d'amants sur la scène *(Le Dernier Métro).*

François Truffaut cinéaste aima les actrices. Il renversa même les rôles en donnant à Bernadette Lafont un rôle plutôt coquin dans *Une belle fille comme moi*, pendant féminin à *L'Homme qui aimait les femmes*, avec la faculté de semer la mort. Une bien étrange constante qui met à mal l'inévitable cliché de la femme porteuse de vie, construisant ce que l'homme s'empresse de détruire comme un enfant irresponsable et prolongé.

Dans *L'Homme qui aimait les femmes*, le chasseur est un homme, mais conquérant, il ne gagne pas la partie, et c'est encore une femme qui cause sa perte, tandis qu'on sait sans aucun doute que la Camille d'*Une belle fille comme moi* ne mourra pas par amour des hommes !

Antoine trompe Christine
avec Hiroko Berghauer.

UNE BELLE FILLE COMME MOI

Camille est en prison, accusée d'avoir provoqué la mort de plusieurs hommes. Interrogée par un jeune sociologue, elle prétend avoir été victime de la fatalité, et lui tourne si bien la tête qu'il obtient la révision de son procès et son acquittement. Devenue chanteuse à succès, Camille renoue avec sa vie dissolue et les victimes s'amoncellent derechef autour d'elle. Les conquêtes de cette héroïne sans scrupule ressemblent aux noces de la mante religieuse !

« Derrière tout cela, il y avait probablement un vivace souvenir de lecture, la mort de l'avare pour s'emparer du crucifix en or que lui tendait le prêtre qui lui donnait l'extrême-onction. Décidément on n'invente jamais rien. »

Camille (Bernadette Lafont) et ses fiancés en folie.

Pourtant Truffaut avait inventé le personnage de Charles Denner, ultime victime de son amour pour les femmes, dans *La mariée était en noir*, où Jeanne Moreau l'abattait d'une flèche, celle de Cupidon et de Diane chasseresse. Dans *Vivement dimanche !* l'assassin se perd par amour des femmes ; traqué à la fin, il avoue son véritable crime, l'obsession des femmes, avec les mots que Morane peut avoir écrits et prononcés avant lui. Pour ces chasseurs inassouvis, une seule issue : la mort.

Bertrand, l'Homme qui aimait les femmes, et son éditeur, Brigitte Fossey.

C'est avec *Vivement dimanche !* que se clôt dans l'œuvre de François Truffaut cette quête particulière et constante de l'homme dont l'origine se trouve peut-être dans cette réflexion de Marcel Berbert, son partenaire des Films du Carrosse : « C'était un divorce très affectueux (entre François Truffaut et sa première femme, Madeleine Morgenstern)... Elle est restée en quelque sorte l'amour de sa vie. Quant à lui, *il n'était pas l'homme d'une seule femme*. C'était impossible. »

Amour à une voix : amours multiples, amours à trois, à deux, François Truffaut n'a pas oublié qu'on pouvait aussi aimer sans retour et sans thème.

Le Dernier Métro

« En général je ne m'engage pas dans un film si je n'ai pas trouvé la fin. J'ai su quelle image je voulais obtenir pour celle du *Dernier Métro* : les trois personnages en vie, sans qu'un choix sentimental ait été fait de sa part à elle, bien qu'ayant été attirée par les deux hommes, c'était aussi l'image, idéale au théâtre, des acteurs qui se tiennent les mains pour saluer. »

Pour la reconstitution historique, François Truffaut a utilisé quelques plans de *Première Nuit* de Georges Franju.

« Je savais depuis longtemps que je ferais un film sur l'Occupation et sur le théâtre, j'ai mêlé les deux sujets dans *Le Dernier Métro*. Le théâtre est un lieu magique, et tout le film est fait de souvenirs, comme la scène dans l'église où Bernard est prévenu par un résistant, qui a été réellement vécue par mon oncle, saint-cyrien, pendant la guerre... »

Catherine Deneuve et Heinz Bennent *(Le Dernier Métro).*

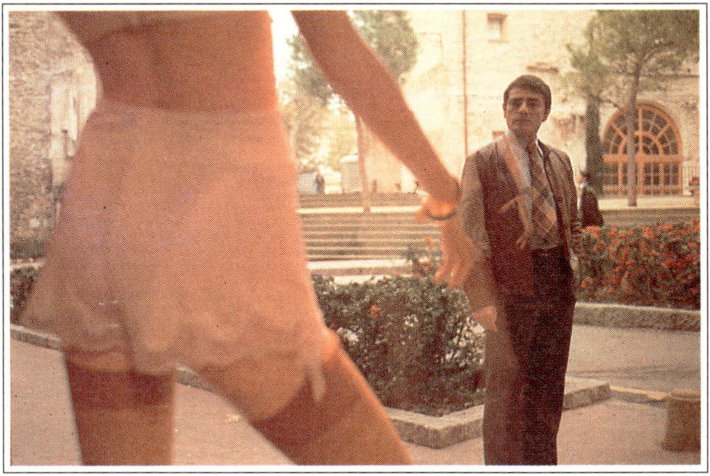

L'homme et les dessous des femmes.

A ce thème de l'amour impossible, il a consacré plusieurs films. Dans *La Sirène du Mississippi* et *La Femme d'à côté*, le couple est formé d'un homme ou d'une femme en adoration ou littéralement envoûté par son ou sa partenaire, qui ne répond pas avec autant de fièvre à cette passion.

L'héroïne de *La Sirène du Mississippi*, adapté d'un roman de William Irish, se fait passer pour Julie Roussel, avec laquelle correspond depuis longtemps Louis Mahé (Jean-Paul Belmondo), directeur d'une fabrique de cigarettes à la Réunion. Louis ne connaît Julie que par ses lettres et une photo lorsqu'il lui propose de l'épouser.

Prétextant avoir menti par modestie, Marion la Sirène (on remarque que Catherine Deneuve a été prénommée deux fois de suite Marion par François Truffaut) embobine le jeune marié fou d'amour, qui continuera à l'aduler même lorsqu'il découvrira la supercherie et même lorsqu'il comprendra que son épouse essaie de l'empoisonner.

Catherine Deneuve : *La Sirène du Mississippi.*

Ici, c'est l'homme qui va jusqu'au bout de l'amour, en acceptant de mourir par la main de l'être aimé. Au contraire, dans *La Femme d'à côté*, Mathilde (Fanny Ardant), qui ne peut oublier Bernard (Gérard Depardieu), ne supportera pas de devoir le partager avec une autre, pas plus que de le quitter, et pas même de vivre réellement avec lui, aussi ira-t-elle au bout de son geste, en se donnant la mort et en emportant jalousement son amant dans les ténèbres.

Avec ces deux films romanesques et sombres, François Truffaut liait la femme à la mort, comme

S'évanouir d'amour :
Fanny Ardant, Gérard Depardieu.

La Femme d'à côté.

deux complices aux aguets fomentant la destruction de l'homme.

Deux femmes, liées à la mort, habitent d'une manière particulière deux autres films de Truffaut. L'héroïne de *L'Histoire d'Adèle H* (Isabelle Adjani) lutte pour conquérir et conserver l'amour d'un lieutenant anglais qui la dédaigne, de même que celle de *La mariée était en noir* (Jeanne Moreau) cherche à perpétuer ses souvenirs d'amour et ressusciter celui qu'elle aime.

Rendez-vous avec la mort

Toutes les deux partent battues, l'une parce que l'homme poursuivi et harcelé finira par la prendre en horreur, l'autre parce que la mort ne rend pas ceux qu'elle enlève.

Dès 1969, François Truffaut eut envie de tourner un film sur Adèle Hugo, amoureuse en 1863 du lieutenant Pinson, au moment où la guerre civile agitait les États-Unis d'Amérique.

Acheter l'amour : *Adèle H.*

Mue par une passion violente et obsessionnelle, Adèle s'installe à Halifax sous un nom d'emprunt pour se rapprocher du jeune homme qu'elle traque, supplie et menace. De même que la mort est intraitable et ne rend pas un amour perdu, de même l'indifférence du lieutenant et sa répulsion grandissante creusent un fossé infranchissable entre lui et cette femme tourmentée.

A propos de *La Chambre verte*, qu'il tournerait deux ans plus tard, François Truffaut constatait que les vivants continuaient d'entretenir des rapports évolutifs avec leurs morts : complicité, colère, rancune, désespoir, tendresse, désir... C'est bien ainsi qu'Adèle, solitaire, hantée par l'image d'un amour aussi impalpable qu'un fantôme, se monte la tête et communique avec l'absent.

Isabelle Adjani = Adèle Hugo.

Acheter la vie : *La Chambre verte.*

« Un conte de fées pour grandes personnes », ainsi Truffaut décrivait-il *La mariée était en noir*, ce film d'amour « sans scènes d'amour, puisque la femme amoureuse est veuve de l'homme de sa vie », abattu le jour de leurs noces par un groupe de copains éméchés jouant imprudemment avec un fusil à lunette.

Les cinq hommes que Julie Kohler recherche et retrouve au fil des années pour venger la mort de son mari, « nous font revenir, disait Truffaut, au principe d'énumération qui rend fascinante la lecture des contes de fées : Boucle d'or et les Trois Durs, les Trois Petits Cochons et le Grand Méchant Loup, Blanche-Neige et les Sept Nains... Les cinq hommes de *La Mariée* représentaient cinq comportements en face des femmes ».

Cahier de contes

Le portrait d'un amour impossible. Charles Denner dans *La mariée était en noir.*

DEUIL

« Il y a beaucoup, beaucoup trop de morts autour de moi que j'ai aimés, et j'ai pris la décision, après la disparition de Françoise Dorléac, de ne plus assister à aucun enterrement, ce qui, vous le pensez bien, n'empêche pas la tristesse d'être là, de tout obscurcir pendant un temps et de ne jamais s'estomper complètement, même avec les années, car on ne vit pas seulement avec les vivants, mais aussi avec tous ceux qui ont compté dans notre vie. »

(Lettre à Tanya Lopert, février 1970.)

Jeanne Moreau, habillée de noir ou de blanc, traverse le film avec cette grâce fiévreuse qui n'appartient qu'à elle, d'autant plus pathétique et émouvante que son personnage ne rêvait que de vie et d'amour avant de devenir une meurtrière.

La Chambre verte, tourné avec un petit budget en vingt-cinq jours, raconte « l'histoire d'un homme qui a le culte des morts et qui passe beaucoup de temps à célébrer les gens qu'il a connus ou qu'il a aimés et qui sont morts ».

Françoise Dorléac : souvenir des jours heureux.

Nathalie Baye et François Truffaut acteur *(La Chambre verte).*

L'objet principal du culte de Julien Davenne, veuf, est évidemment sa femme Julie.

La Mariée, Adèle H, Julien Davenne, tous trois partent à la recherche de leur amour. Adèle sombre dans la folie, Julien s'effondre et disparaît, et on devine que Julie paiera de sa vie ou d'une réclusion perpétuelle sa vengeance d'amour.

L'ART ET LA VIE

Truffaut acteur dans *Adèle H.*

« Je préfère mon travail à moi-même », avait coutume de répondre François Truffaut à tous ceux qui cherchaient à en connaître plus sur sa personnalité et sa vie privée.

Comme ses films, ses écrits et ses entretiens l'ont toujours laissé entendre, une partie de sa correspondance publiée en 1988 confirme que l'homme Truffaut se confond avec l'artiste, et qu'il ne vécut aucun moment de sa vie indépendamment de son œuvre.

Avec Laura.

Famille et sentiments

Après *Les Quatre Cents Coups* et le prix recueilli au festival de Cannes, François Truffaut cessa d'écrire dans les *Cahiers du cinéma,* en butte à toutes les « questions qu'on ne peut manquer de se poser sur les fonctions de la critique, dès que l'on devient soi-même un homme critiqué ».

En 1959, sa fille aînée, Laura, voit le jour, Truffaut produit *Le Testament d'Orphée* de Jean Cocteau et confie à Jean-Luc Godard le scénario d'*A bout de souffle*, premier grand succès de ce dernier. En 1960, François Truffaut navigue de Paris à Saint-Paul-de-Vence où il s'attelle à l'écriture de *Jules et Jim*, tout en suivant avec émerveillement les premiers pas de sa fille : « Elle marche, elle parle, elle téléphone, elle putine un peu, mais c'est une fille... En fait elle est amoureuse de moi, ce qui me permet d'avoir

La famille au complet.

beaucoup d'influence sur elle et de la dissuader, dès maintenant, de fréquenter les surprise-parties. »

Cette année-là, de la même façon qu'en 1968 il s'est battu pour faire réintégrer Henri Langlois à la tête de la Cinémathèque française, François Truffaut signe le Manifeste des 121 avec Alain Resnais, Jacques Doniol-Valcroze et Pierre Kast, « la déclaration de Jean-Paul Sartre sur l'insoumission (en faveur de tous les soldats qui désertent l'Algérie et en faveur aussi de tous les Français qui aident le FLN). Je vais probablement être inculpé, c'est pour cela que j'ai quitté Paris, pour gagner quelques jours et réfléchir, tout est pourri, tout va mal, vive Castro ».

Tout en se défendant d'être un cinéaste engagé, François Truffaut ne se dérobe jamais devant une cause qu'il croit juste.

L'amour des livres

La seconde fille de François Truffaut et de Madeleine Morgenstern, Ewa, naît en juin 1961. Pendant ce temps, le fidèle ami d'enfance, Robert Lachenay, tourne un court métrage, *Le Scarabée d'or*, produit par Les Films du Carrosse. Un an plus tard, François Truffaut traverse une période de découragement après la sortie de *Jules et Jim* qui n'a pas obtenu le succès espéré et mérité, mais il démarre un grand projet qui lui tient à cœur : écrire un livre sur Alfred Hitchcock, composé d'entretiens. « Son talent n'est pas instinctif comme celui de Preminger, dira-t-il à propos de Hitchcock, il est vraiment le type qui a le mieux pensé au cinéma comme spectacle et aussi comme écriture. » Truffaut propose au « maître du suspense » de le rencontrer en Amérique.

Tournage de *La Peau douce*.

Renoir était « Le Patron »,
Hitchcock sans doute aussi.

« Cher Monsieur Hitchcock, d'abord je me rappelle à votre souvenir. Il y a quelques années, j'étais journaliste de cinéma, lorsque à la fin 1954 je suis allé avec mon ami Claude Chabrol vous interviewer au studio Saint-Maurice où vous dirigiez la post-synchro de *To Catch a Thief (La Main au collet)*. Vous nous aviez demandé de vous attendre au bar du studio, et c'est alors que, sous l'émotion d'avoir vu quinze fois de suite une ''boucle'' montrant dans un canot Brigitte Auber et Cary Grant, nous sommes tombés, Chabrol et moi, dans le bassin gelé de la cour du studio. »

Ewa et son père.

Prévoyant environ trente heures d'entretien, François Truffaut s'assure la collaboration d'Helen Scott, qui travaille au French Film Office de New York et grâce à qui les films de la Nouvelle Vague sont diffusés aux États-Unis. En attendant de concrétiser ce grand projet, François Truffaut rejoint le jury du festival de Cannes 1962 à l'issue duquel on récompense *Long Day's Journey into Night*, de Sidney Lumet.

Truffaut emprunte 3 500 dollars aux Films du Carrosse pour ce qu'il nomme « l'expédition Hitchcock ». En septembre 1962, le maître ayant donné son accord, François Truffaut dîne avec lui à Paris. Plus tard, Hitchcock lui dira, évoquant l'épisode de la chute avec Chabrol dans le bassin : « Je pense à vous chaque fois que je vois des glaçons dans un verre de whisky ! »

BRÛLONS LES LIVRES ET SORTONS DANS LA RUE !

Cette déclaration pessimiste sera suivie de son contraire : « Les livres sont des objets concrets, visibles et palpables ; tout le monde les connaît, tout le monde en possède, en achète, en loue, en emprunte, donc un spectacle montrant de très près des livres qui brûlent doit émouvoir tout le monde. » Première et unique incursion du cinéaste dans l'univers de la science-fiction, *Fahrenheit 451* dénonçait un monde où les livres sont réduits en cendres, allusion directe à l'holocauste du peuple juif durant la Seconde Guerre mondiale et à toutes les oppressions totalitaires.

Pour affirmer encore plus son amour de la lecture, Truffaut entame l'écriture de *Fahrenheit 451*.

Jean-Pierre Léaud part au service militaire. En 1964, François Truffaut et Madeleine Morgenstern se séparent.

Truffaut s'installe avenue Paul-Doumer à Paris et entretient de bonnes relations avec son ex-femme, regrettant de ne plus voir ses enfants chaque jour.

Afin de se sentir moins isolé dans son travail avec Alfred Hitchcock et Helen Scott, il décide de prendre des cours d'anglais accélérés, une tentative qu'il répétera plusieurs fois au cours de sa vie. Il déménage et s'installe 53, rue de Passy, dans un grand appartement qu'il s'achète au dixième étage, avec vue sur la tour Eiffel. On n'en attendait pas moins de la part d'un homme qui collectionne les tours Eiffel, dont il armera Fanny Ardant dans une scène mouvementée de *Vivement dimanche !* En 1965, ayant terminé le manuscrit du *Hitchbook*, il se laisse aller à un peu de vague à l'âme : « Je suis un peu ému aujourd'hui, car j'ai revu ma première maîtresse, la première fille avec qui j'ai habité et vécu en 1948... Elle est devenue un peu moche, tout comme moi, et elle a fait de la prison, trois enfants, le trottoir et un peu de tout. Elle vit à

Vague à l'âme

Oskar Werner et Julie Christie dans *Fahrenheit 451*.

Fahrenheit 451 : les pompiers détestent les livres.

Marseille. J'irai la voir en octobre pour l'interroger au magnétoscope afin de faire le scénario de *La Petite Voleuse* de cette manière. »

Laura, Ewa et François.

« J'aime les histoires vraies, les récits vécus, les Mémoires, les souvenirs, j'aime les gens qui racontent leur vie. »

En 1970, François Truffaut décide de ne plus tourner pendant un temps et de se consacrer à l'écriture et à la publication de livres. « Je n'aime pas l'idée que les films s'adresseraient à des gens qui ne lisent pas. Des films comme *Le Carrosse d'or, Citizen Kane, Sommarlek*, m'ont décidé à devenir metteur en scène mais avant cela, des

Projets envolés

La Petite Voleuse, réalisé en 1988 par Claude Miller, qui fut son assistant, n'est qu'un des nombreux projets que le réalisateur n'a pu mener à bien :

— *Le Petit Ami*, de Paul Léautaud ;

— *Le Bleu d'outre-tombe*, avec Jeanne Moreau, en mars 1960 ;

— *La Chambre obscure*, d'après Nabokov, en juillet 1963 ;

— *L'Agence Magic*, en juin 1976 ;

— *Le Petit Roi*, proposé à Jean-Loup Dabadie, que Truffaut aurait dû tourner en août 1976 ;

— *Le Cambrioleur*, d'après *The Burglar* de David Goodis, déjà adapté par Paul Wendkos, puis par Henri Verneuil (*Le Casse*, 1971) ;

— *Eaux profondes* de Patricia Highsmith, tourné par Michel Deville ;

— *0014*, son dernier projet, un feuilleton de plusieurs heures pour la télévision, qui l'aurait fait renouer avec les films en costumes qu'il affectionnait.

Truffaut et Julie Christie lors du tournage de *Fahrenheit 451*.

romans comme *La Peau de chagrin, Thérèse Raquin, Fromont jeune et Risler aîné* m'avaient donné l'envie et l'espoir de devenir un romancier... »

L'écriture du cœur

« Dans les premières semaines de juin (1970) j'ai appris à travers la presse que le journal *La Cause du peuple*, dont Jean-Paul Sartre venait d'accepter la direction, était systématiquement saisi avant même que les autorités aient pris connaissance des textes qu'il contenait... Je n'ai jamais eu d'activités politiques et je ne suis pas plus maoïste que pompidoliste, étant incapable de porter des sentiments à un chef d'État quel qu'il soit. (...) Il se trouve que j'aime les livres et les journaux, que je suis très attaché à la liberté de la presse et à l'indépendance de la justice. (...) C'est pourquoi, le samedi 20 juin, j'ai décidé de vendre sur la voie publique *La Cause du peuple*. »

En 1972, François Truffaut rue encore dans les brancards, en refusant de présenter *Fahrenheit 451* aux « Dossiers de l'écran » de la télévision, pour

Truffaut acteur
dans *Rencontres du troisième type*.

protester contre le retrait de l'émission de Janine Bazin et André S. Labarthe, « Vive le cinéma » : « Je perds jusqu'à l'envie de demander en direct pourquoi aucune émission littéraire n'a mentionné la parution de livres aussi intéressants que *Le Dossier noir de la police* (Le Seuil) ou *L'Affaire du bazooka* (La Table Ronde). Je crois pourtant que passer des livres sous silence équivaut à les brûler. Je suis prêt à parier que le mot censure ne sera même pas prononcé pendant le débat qui suivra la projection de *Fahrenheit* et que les véritables questions seront escamotées, tant il est évident que l'Office est encore dirigé par des pompiers pyromanes... Ici s'arrête ma contribution aux "Dossiers noirs" de l'écran. »

America America

En 1974, François Truffaut fournit un effort supplémentaire dans son apprentissage de l'anglais : Steven Spielberg, le nouveau prince de Hollywood, l'appelle pour jouer le rôle du savant français Claude Lacombe dans *Rencontres du troisième type* !

François Truffaut, apparu brièvement dans *L'Histoire d'Adèle H*, qui a tenu le premier rôle de *L'Enfant sauvage*, de *La Chambre verte*, et celui d'un réalisateur dans *La Nuit américaine*, découvre une fois de plus les vicissitudes et les plaisirs du métier d'acteur. « (...) Mobilisé par le film de Spielberg, je ne perds pas mon temps bien que les

Acteur dans *La Chambre verte*.

attentes soient énormes. Je joue sans trac, pour m'amuser et faire rire l'équipe, je ne suis pas certain d'être toujours bon, ni surtout capable de dire d'autres dialogues que les miens. Néanmoins ils ont l'air contents et je le suis moi-même les jours où le tournage est intensif ; tout de même, quelle frustration permanente ! Enfin, comme prévu, il y a beaucoup de choses que je commence à comprendre, depuis la tentation de bouffer du chocolat jusqu'à celle de feindre la bouderie comme moyen de concentration, tout cela m'amuse beaucoup. »

« C'était l'acteur parfait, dira de lui Steven Spielberg, le réalisateur du film, il ne posait pas de

AFFRES
DE VEDETTES

« Qu'est-ce qu'il ne faut pas avoir dans la tête pour faire ce métier-là ! Il s'agit de se hausser sans cesse au-dessus des autres, ce qui revient, au fond, à les rabaisser ; au départ, il s'agit d'une vocation, d'une ambition assez pure, être aussi bien que tel ou tel, puis mieux que tel ou tel, puisqu'il s'agit de couler tel ou tel. Les vedettes sont tristes, mais d'une tristesse dégueulasse. Les vedettes souffrent parce qu'on les emmerde, quand on ne les emmerde pas, c'est encore pis. Elles travaillent huit heures par jour à se détacher de l'humanité et elles prétendent ensuite exprimer tous les sentiments humains. Je vous assure qu'aucune ne peut racheter les autres. »

(Lettre à Helen Scott le 9 janvier 1961.)

Fanny Ardant
dans *Vivement dimanche !*

questions, il était toujours à l'heure. Il était toujours de bonne volonté. Il faisait à peu près tout ce que je lui suggérais. Il attachait une grande importance à être l'acteur parfait. Il m'a dit comment il définissait cela : quelqu'un de très patient, qui attend six heures pour travailler quinze minutes et qui ne pose jamais de problèmes au réalisateur. »

Les années 80 marquent un tournant pour François Truffaut, qui connaît son plus gros succès public, avec *Le Dernier Métro*, mais malheureusement commence à subir des ennuis de santé.

A la compagne de sa vie, il offre *La Femme d'à côté* et *Vivement dimanche !* Deux superbes histoires d'amour et de mort. Parce que, dans *La Femme d'à côté*, Fanny Ardant, tragique, ressemblait à une héroïne de Série noire, Truffaut lui écrit un scénario sur mesure d'après un roman de Charles Williams : secrétaire dans une agence immobilière, Fanny Ardant, amoureuse de son patron, va mener l'enquête pour prouver qu'il est innocent du meurtre de sa femme. La note mystérieuse et veloutée des images tient en grande partie à l'emploi du noir et blanc.

La fleur de l'âge

« C'est avec mon film *noir et blanc, L'Enfant sauvage*, que j'ai commencé ma collaboration avec Nestor Almendros, et c'est à lui que j'ai demandé de diriger la photo *noir et blanc* de *Vivement dimanche !... Vivement dimanche !* s'efforcera de

Une héroïne de Série noire : Fanny Ardant.

restituer l'ambiance nocturne, mystérieuse et brillante des comédies américaines policières qui, autrefois, nous enchantaient. Je crois que l'utilisation du *noir et blanc* nous aidera à retrouver ce charme disparu, je crois surtout que personne au monde ne réussira à me prouver que le *noir et blanc* est moins *culturel* que la couleur ! »

Jusqu'au bout, François Truffaut imaginera des scénarios, rêvera de films à tourner, de livres à lire et à écrire. Scrupuleusement et avec beaucoup

Fanny Ardant
et Gérard Depardieu
dans *La Femme d'à côté*.

FANNY ARDANT

« Fanny Ardant m'a frappé dans le film de Nina Companeez, *Les Dames de la côte*. Je me suis dit : cette fille sonne nouveau dans le cinéma. On pense qu'elle est italienne, ou on cherche du côté de Katharine Hepburn, on ne la compare guère à des actrices françaises vues précédemment ou alors il faut remonter loin, peut-être à Maria Casarès. » (Extrait d'une interview accordée à Dominique Maillet en février 1983.)

« J'avais été séduit, en la découvrant sur mon écran de télévision (...) j'ai tout de suite reconnu et apprécié en Fanny Ardant les qualités que j'attends le plus souvent des protagonistes de mes films : vitalité, vaillance, enthousiasme, humour, intensité, mais aussi, sur l'autre plateau de la balance : le goût du secret, un côté farouche, une espèce de sauvagerie et, par-dessus tout, quelque chose de vibrant. »

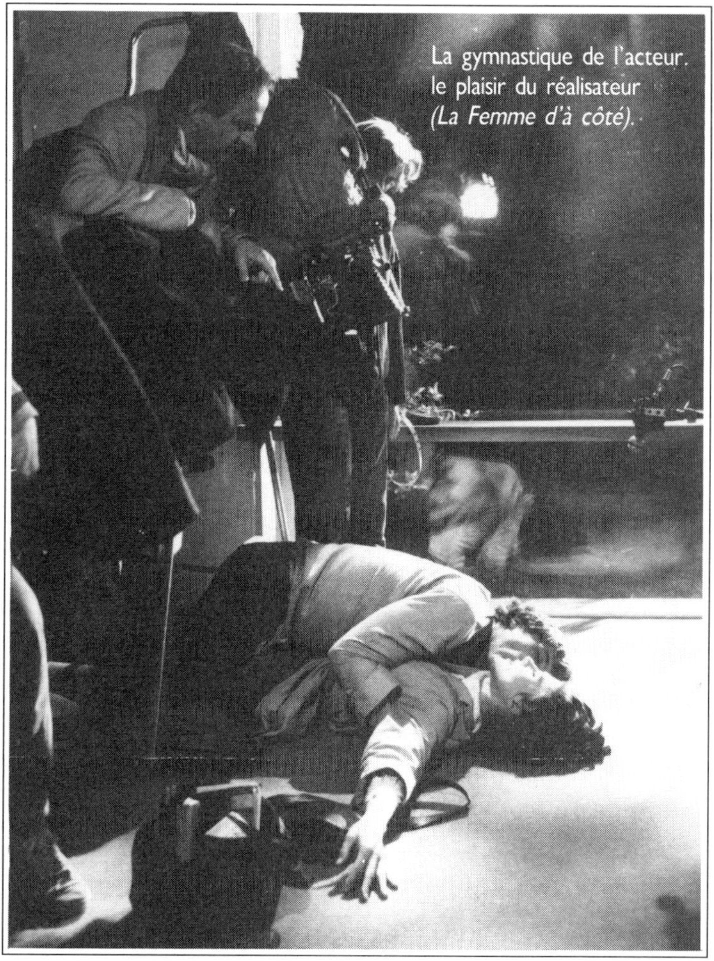

La gymnastique de l'acteur, le plaisir du réalisateur *(La Femme d'à côté)*.

de plaisir, il s'intéresse aux traductions de ses livres en japonais, dont se charge Koichi Yamada, de la diffusion de ses films dans le monde. Il voyage, rencontre en Amérique les metteurs en scène dont il rêvait étant enfant et sur lesquels il écrivait en tant que journaliste, George Cukor, Leo McCarey, Rouben Mamoulian...

En tournage.

L'univers est mon royaume

En 1983, cinq films d'Hitchcock, bloqués depuis vingt ans, sont remis en circulation, une occasion de rediffuser le fameux *Hitchbook* de François Truffaut et Helen Scott.

En 1984, vaincu par la maladie, s'éteint François Truffaut.

En extérieur.

« Qu'est-ce qu'un metteur en scène ? C'est quelqu'un à qui on pose sans arrêt des questions, quelquefois il a les réponses, mais pas toujours. »
Au moment de *La Peau douce*, François Truffaut

Les réalisateurs cessent le travail (mai 1968). On reconnaît Claude Lelouch, Claude Berri, François Truffaut.

disait : « Jusqu'ici j'ai toujours eu le sentiment, à chaque premier jour de tournage, de lancer un bateau sur la mer et ensuite le travail consistait à redresser la barre jour après jour afin d'éviter le naufrage où pouvaient me conduire fatalement les erreurs de calcul du travail préparatoire... Je voudrais que mon quatrième film ne fût plus un navire en perdition mais un train qui traverse la campagne. »

Qu'est-ce qu'un metteur en scène ?

Quelques années plus tard, dans *La Nuit américaine*, qui raconte le tournage d'un film, avec ses joies, ses déboires, les accidents, les imprévus, les états d'âme des acteurs et de l'équipe, François Truffaut, dans son rôle de metteur en scène du « film dans le film », constatait : « Un tournage de film ressemble exactement au trajet d'une diligence du Far West, d'abord on espère faire un beau voyage et puis très vite, on se demande si on arrivera à destination... Nous voici arrivés au milieu de l'aventure. Avant de commencer un tournage, je désire surtout faire un film qui sera beau. Dès que les premiers ennuis surgissent, je dois réduire mon ambition et je me prends à espérer simplement qu'on arrivera à terminer le film. Vers le milieu du tournage, je fais un examen de conscience et je me dis : Tu aurais pu travailler mieux, tu aurais pu donner davantage, à présent il te reste la seconde moitié pour te rattraper et, à partir de ce moment, je m'efforce de rendre plus vivant ce qui sera montré sur l'écran. »

Depuis ses premiers pas dans le cinéma, François Truffaut n'a cessé de mener ce qu'il nommait lui-même « une vie de travail régulière et ingrate, malgré ma haine des temps morts ».

Le tournage d'*Une belle fille comme moi.*

« Le cinéma règne »

Cannes, mai 1968 : réalisateurs en grève.

Sa disparition a privé le monde de ses œuvres ultimes, des réflexions qu'il ne manquait pas de développer, de toutes les histoires qui attendent encore dans ses tiroirs.

De son vivant, ayant accompli avec autant de constance un parcours d'artiste, François Truffaut tâchait toujours de garder courage et de persévérer, sachant que les difficultés d'un

tournage n'étaient pas visibles pour le spectateur à qui il livrait une œuvre achevée : « Dans les films il n'y a pas d'embouteillages, il n'y a pas de temps morts. Les films avancent comme des trains dans la nuit. »

Et si un soupçon de découragement l'effleurait, si la fatigue l'accablait parfois, il se souvenait du chemin parcouru et prenait exemple sur Sacha Guitry, un auteur qui travailla jusqu'à son dernier souffle : « Non, la Nouvelle Vague n'était pas un "ramassis de jeunes ambitieux occupés à poignarder leurs aînés pour prendre leur place", c'est tout le contraire. Les jeunes rédacteurs des *Cahiers* ont réhabilité Abel Gance, Jean Cocteau, Jean Renoir, Robert Bresson, Max Ophuls, tous vilipendés par les critiques de la grande presse. Le

L'enfance, la vedette de *L'Argent de poche*.

plus difficile fut de faire reconnaître Marcel Pagnol et Sacha Guitry comme des metteurs en scène complets, des personnalités fortes s'exprimant par le cinéma.

« Sacha Guitry ! Chaque fois que je me sens las, prêt à céder au découragement, à verser dans la mélancolie, l'aigreur ou l'amertume et que l'ombre dégoûtante du renoncement vient assombrir le travail en cours, alors il me suffit de regarder la photographie de Sacha Guitry par Willy Rizzo pour me sentir des ailes, retrouver bonne humeur, vaillance et tout le courage du monde. »

Filmographie

1954

Une Visite
7 mn - N./B. Production : Robert Lachenay. Scénario : François Truffaut. Photo : Jacques Rivette. Montage : Alain Resnais. Avec : Laura Mauri, Jean-José Richer, Francis Cognany, Florence Doniol-Valcroze.

1957

Les Mistons
23 mn - N./B. Production : Les Films du Carrosse. Scénario, adaptation et dialogue : François Truffaut, d'après la nouvelle de Maurice Pons *(Les Virginales)*. Musique : Maurice Leroux. Avec : Bernadette Lafont, Gérard Blain.

1958

Histoire d'eau
18 mn - N./B. Production : Pierre Braunberger. Scénario : François Truffaut et Jean-Luc Godard. Montage : Jean-Luc Godard. Avec : Jean-Claude Brialy.

1959

Les Quatre Cents Coups
93 mn - N./B. Production : Les Films du Carrosse. Scénario : François Truffaut. Adaptation et dialogue : Truffaut et Marcel Moussy. Premier assistant : Philippe de Broca. Avec : Jean-Pierre Léaud, Albert Rémy, Claire Maurier, Patrick Auffay, Robert Beauvais, Henri Virlojeux, Jeanne Moreau, Jacques Demy, Jean-Claude Brialy, Pierre Repp.

1960

Tirez sur le pianiste
85 mn - N./B. Production : Pierre Braunberger/ Les Films du Carrosse. Scénario : François Truffaut et Marcel Moussy. Dialogue : François Truffaut, d'après le roman de David Goodis *Down There*. Avec : Charles Aznavour, Marie Dubois, Nicole Berger, Michèle Mercier, Daniel Boulanger, Alex Joffé, Boby Lapointe, Alice Sapritch, Albert Rémy.

1962

Jules et Jim
100 mn - N./B. Production : Les Films du Carrosse. Scénario, adaptation et dialogue : François Truffaut et Jean Gruault, d'après le roman d'Henri-Pierre Roché. Avec : Jeanne Moreau, Oskar Werner, Henri Serre, Marie Dubois.

Antoine et Colette
29 mm - N./B. Sketch du film : *L'Amour à vingt ans*. Production : Ulysse Productions/ Les Films du Carrosse. Scénario : François Truffaut. Avec : Jean-Pierre Léaud, Marie-France Pisier, Rosy Varte, François Darbon.

1964 *La Peau douce*
116 mn - N./B. Production : Les Films du Carrosse. Scénario : François Truffaut et Jean-Louis Richard. Dialogue : François Truffaut. Avec : Françoise Dorléac, Jean Desailly, Nelly Benedetti.

1966 *Fahrenheit 451*
113 mn - Technicolor. Production : Lewis M. Allen, Vineyard Films. Scénario : François Truffaut et Jean-Louis Richard. Dialogue additionnel : David Rudkin, Helen Scott, d'après le roman de Ray Bradbury. Avec : Julie Christie, Oskar Werner, Cyril Cusak, Anton Driffing.

1968 *La mariée était en noir*
107 mn - Eastmancolor. Production : Les Films du Carrosse/Productions Artistes Associés/Dino de Laurentis/Cinematografica. Scénario : François Truffaut et Jean-Louis Richard, d'après le roman de William Irish. Avec : Jeanne Moreau, Claude Rich, Jean-Claude Brialy, Michel Bouquet, Michael Lonsdale, Charles Denner, Daniel Boulanger, Alexandra Stewart.

Baisers volés
90 mm - Eastmancolor. Production : Les Films du Carrosse/Productions Artistes Associés. Scénario : François Truffaut/Claude de Givray/Bernard Revon. Avec : Jean-Pierre Léaud, Claude Jade, Daniel Ceccaldi, Claire Duhamel, Delphine Seyrig, Michael Lonsdale, André Falcon, Marie-France Pisier.

1969

La Sirène du Mississippi
120 mn - Eastmancolor/Dyaliscope. Production : Les Films du Carrosse/Artistes Associés, Produzioni Associate Delphos. Scénario : François Truffaut, d'après le roman de William Irish. Avec : Catherine Deneuve, Jean-Paul Belmondo, Michel Bouquet, Nelly Borgeaud.

1970

L'Enfant sauvage
83 mn - N./B. Production : Les Films du Carrosse/ Artistes Associés. Scénario : François Truffaut et Jean Gruault, d'après *Mémoire et Rapport sur Victor de l'Aveyron*, de Jean Itard. Avec : François Truffaut, Jean-Pierre Cargol, Jean Dasté, Claude Miller.

Domicile conjugal
100 mn - Eastmancolor. Production : Les Films du Carrosse/Valoria Films/ Fida Cinématografica. Scénario : François Truffaut/Claude de Givray/Bernard Revon. Avec : Jean-Pierre Léaud, Claude Jade, Daniel Ceccaldi, Claire Duhamel, Hiroko Berghauer, Barbara Laage, Daniel Boulanger, Claude Véga, Bill Kearns, Jacques Jouanneau, Guy Piérauld.

1971

Les Deux Anglaises et le Continent
132 mn - Eastmancolor. Production : Les Films du Carrosse/Cinétel. Scénario, adaptation, dialogue : François Truffaut, d'après le roman de Henri-Pierre Roché. Avec : Jean-Pierre Léaud, Kika Markham, Stacey Tendeter, Sylvia Marriott, Marie Mansart, Philippe Léotard, Laura et Ewa Truffaut.

1972 *Une belle fille comme moi*

98 mn - Eastmancolor Panavision.
Production : Les Films du Carrosse/Columbia Films. Scénario : François Truffaut et Jean-Loup Dabadie, d'après le roman de Henri Farrell. Avec : Bernadette Lafont, Charles Denner, Claude Brasseur, André Dussollier, Guy Marchand, Philippe Léotard.

1973 *La Nuit américaine*

115 mn - Eastmancolor Panavision sphérique. Production : Les Films du Carrosse/PECF/PIC. Scénario : François Truffaut/Jean-Louis Richard/ Suzanne Schiffman. Avec : François Truffaut, Jacqueline Bisset, Jean-Pierre Léaud, Dani, Valentina Cortese, Jean-Pierre Aumont, Alexandra Stewart, Nathalie Baye, Bernard Menez.

1975 *L'Histoire d'Adèle H*
96 mn - Eastmancolor Panavision sphérique. Production : Les Films du Carrosse/Artistes Associés. Scénario et dialogue : François Truffaut. Avec : Isabelle Adjani, Bruce Robinson, Sylvia Marriott, François Truffaut.

1976

L'Argent de poche
104 mn - Eastmancolor Panavision sphérique. Production : Les Films du Carrosse/Artistes Associés. Scénario : François Truffaut/Suzanne Schiffman. Photo : Pierre-William Glenn. Avec, parmi les enfants, Ewa et Laura Truffaut.

1977

L'Homme qui aimait des femmes
118 mn - Eastmancolor. Production : Les Films du Carrosse/Artistes Associés. Scénario : François Truffaut/Michel Fernand/Suzanne Schiffman. Avec : Charles Denner, Brigitte Fossey, Nelly Borgeaud, Geneviève Fontanel, Nathalie Baye, Sabine Glaser, Leslie Caron, Roger Leenhardt, Henri Agel.

1978

La Chambre verte
94 mn - Eastmancolor. Production : Les Films du Carrosse/Artistes Associés. Scénario : François Truffaut et Jean Gruault, d'après des thèmes d'Henri James. Avec : François Truffaut, Nathalie Baye, Jean Dasté, Jean-Pierre Moulin.

1979

L'Amour en fuite
94 mn - Eastmancolor. Production : Les Films du Carrosse. Scénario et dialogue : François Truffaut/Marie-France Pisier/Jean Aurel/Suzanne Schiffman. Avec : Jean-Pierre Léaud, Dorothée, Marie-France Pisier, Dani, Claude Jade, Rosy Varte, Daniel Mesguich.

1980 *Le Dernier Métro*

128 mn - Fujicolor. Production : Les Films du Carrosse/TF1/SEDIF/SFP. Scénario : François Truffaut et Suzanne Schiffman. Avec : Catherine Deneuve, Gérard Depardieu, Jean Poiret, Heinz Bennent, Andréa Ferréol, Paulette Dubost (AAA/René Chateau Vidéo).

1981 *La Femme d'à côté*
106 mn - Fujicolor. Production : Les Films du Carrosse/TF1/Film Production. Scénario : François Truffaut/Suzanne Schiffman/Jean Aurel. Avec : Fanny Ardant, Gérard Depardieu, Henri Garcin (AAA/René Chateau Vidéo).

1983 *Vivement dimanche !*
111 mn - N./B. Production : Les Films du Carrosse/Film A2/Soprofilms. Scénario : François Truffaut/Suzanne Schiffman/Jean Aurel, d'après le roman de Charles Williams. Avec : Fanny Ardant, Jean-Louis Trintignant, Philippe Laudenbach, Jean-Pierre Kalfon (Cannon Video).

GERARD DEPARDIEU & FANNY ARDANT
dans · in
un film de / een film van
FRANÇOIS TRUFFAUT
ni avec toi,
ni sans toi
noch met jouw,
noch zonder jouw
LA FEMME D'À CÔTÉ
avec / met
HENRI GARCIN
MICHELE BAUMGARTNER
ROGER VAN HOOL
VERONIQUE SILVER
Scenario:
FRANÇOIS TRUFFAUT
SUZANNE SCHIFFMAN · JEAN AUREL
Directeur photo: WILLIAM LUBTCHANSKY
Musique · Muziek GEORGES DELERUE

Bibliographie

Ouvrages consultés

- *Aline Desjardins s'entretient avec François Truffaut*, Ramsay, 1987.
- *Finally Truffaut*, Don Allen, Paladin, Graften Books, 1986.
- *François Truffaut*, François Guérif, Edilig, 1988.
- *François Truffaut*, Claude-Jean Philippe, Seghers, 1988.
- *La Fiancée du cinéma*, Bernadette Lafont, Olivier Orban, 1978.
- *Le Cinéma français des années 60*, Freddy Buache, Hatier, 1987.
- *Le Plaisir des yeux*, François Truffaut, *Cahiers du cinéma*, 1987.
- *Le Roman de François Truffaut, Cahiers du cinéma*, éditions de l'Étoile, 1985.
- *Les Films de ma vie*, François Truffaut, Flammarion, 1975.
- *Les Quatre Cents Couples de François Truffaut, Les Cahiers du Septième Art*, 1988.
- *Rubrique à brac*, Marcel Gotlib, tome 3, Dargaud, 1972.
- *Truffaut*, Hervé Dalmais, Rivages/Cinéma, 1987.
- *Truffaut par Truffaut*, Dominique Rabourdin, Chêne, 1985.
- Hitchcock-Truffaut, Ramsay, 1983.

Ouvrages de François Truffaut

- *Correspondance*, Hatier, 1988.
- *Jules et Jim*, Le Seuil, 1971.
- *La Nuit américaine* et *Journal de tournage de Fahrenheit 451*, Seghers, 1976.
- *La Politique des auteurs*, Collectif, *Cahiers du cinéma*, 1984.
- *L'Argent de poche*, Flammarion, 1976.
- *Le Cinéma selon Hitchcock*, Robert Laffont, 1966 ; Seghers, 1975 ; Ramsay, 1983.
- *Le Plaisir des yeux*, *Cahiers du cinéma*, 1987.
- *L'Homme qui aimait les femmes*, Flammarion, 1977.
- *Les Aventures d'Antoine Doinel*, Le Mercure de France, 1970 ; Ramsay, 1987.
- *Les Films de ma vie*, Flammarion, 1975.
- *Les Mistons*, Ciné-Sud, 1987.
- *Un siècle de cinéma*, Réponse à l'enquête de Tay Garnett, Hatier, 1981.

Crédit photographique

Christophe L. : pages 3, 12, 14, 15, 16, 21, 37, 38-39, 46, 47, 48-49, 50-51, 53, 54, 55, 56, 58, 63, 65, 69, 70-71, 73, 75, 76, 77, 86, 88, 90, 92, 93, 94, 95, 100-101, 103, 106, 108, 109, 111, 112, 113, 118-119, 125, 129, 142-143. La Revue du Cinéma : pages 5, 11, 25, 27, 30, 34, 35, 42, 52, 61, 67, 76, 78, 79, 80, 81, 82, 83, 96, 97, 98, 99, 102, 105, 114-115, 120, 122-123, 128. Kipa : pages 6, 18-19, 22, 31, 41, 43, 44, 45, 57, 62, 74, 104, 106, 110. Collection Hélène Merrick : pages 8-9, 11, 17, 23, 28, 29, 31, 32, 33, 59, 60, 64, 65, 66, 68, 84, 85, 89, 91, 97, 106, 116, 117, 131, 132, 135, 136, 137, 139, 140, 141. Gamma : pages 124, 126-127.

Maquette : Yves Raynaud
Photocomposition : Graphie Moderne, Vincennes
Photogravure : Vernon, Montrouge.

J'ai lu Cinéma / Éditions J'ai lu
27, rue Cassette   75006 Paris

Imprimé en France par Intergraphie à Saint-Etienne
le 23 mai 1989
Dépôt légal : mai 1989, ISBN 2-277-37017-7
Diffusion France et étranger : Flammarion